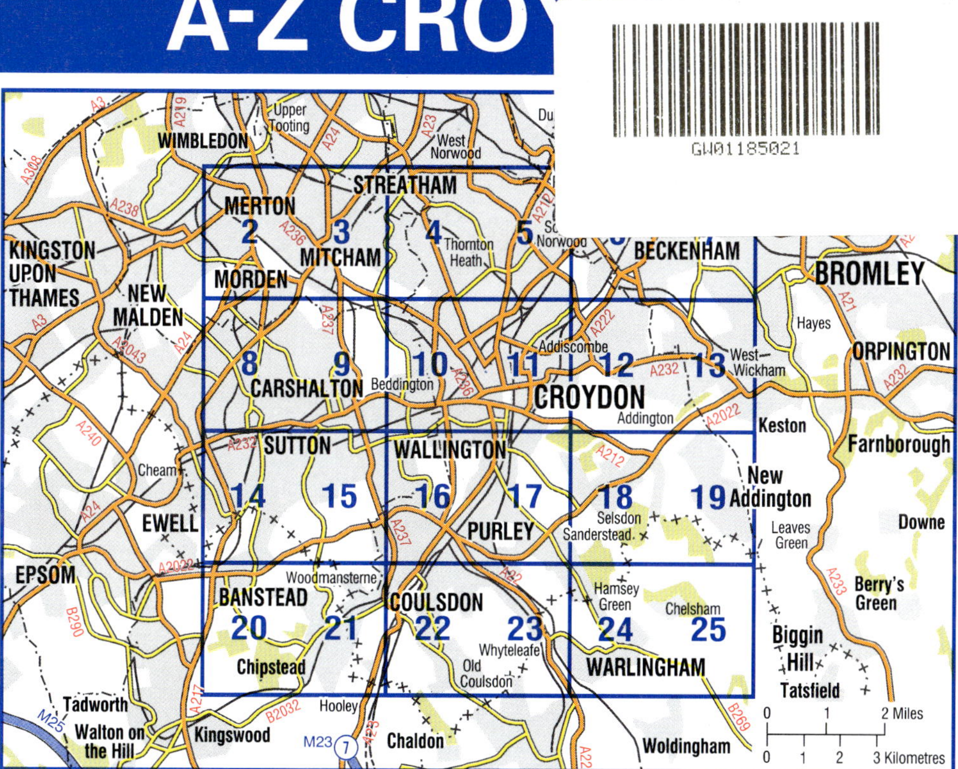
A-Z CROY
GW01185021
WIMBLEDON
Upper Tooting
West Norwood
STREATHAM
MERTON
MITCHAM
MORDEN
Thornton Heath
Norwood
BECKENHAM
BROMLEY
KINGSTON UPON THAMES
NEW MALDEN
Hayes
ORPINGTON
Addiscombe
West Wickham
CARSHALTON
Beddington
CROYDON
Addington
Keston
SUTTON
WALLINGTON
Farnborough
Cheam
New Addington
EWELL
PURLEY
Selsdon
Sanderstead
Leaves Green
Downe
EPSOM
Woodmansterne
BANSTEAD
COULSDON
Hamsey Green
Chelsham
Berry's Green
Chipstead
Whyteleafe
Old Coulsdon
WARLINGHAM
Biggin Hill
Tatsfield
Tadworth
Hooley
Walton on the Hill
Kingswood
Chaldon
Woldingham
2 3 4 5 8 9 10 11 12 13 14 15 16 17 18 19 20 21 22 23 24 25
0 1 2 Miles
0 1 2 3 Kilometres

Reference

A Road	A23
B Road	B269
Dual Carriageway	
One Way Street Traffic flow on A roads is indicated by a heavy line on the drivers' left	→
Junction Name	PURLEY CROSS
Pedestrianized Road	
Restricted Access	
Track & Footpath	
Residential Walkway	
Railway	Tunnel, Level Crossing, Station
Underground Station	●
Croydon Tramlink (Est. Open 2000)	Tunnel, Station
Built Up Area	HIGH STREET
Local Authority Boundary	
Posttown & London Postal District Boundaries	
Postcode Boundary within Posttown	
Map Continuation	5
Church or Chapel	†
Fire Station	■
Hospital	H
House Numbers A & B Roads Only	2 33
Information Centre	i
National Grid Reference	505
Police Station	▲
Post Office	★
Disabled Toilet	

Scale 1:19,000
3⅓ inches to 1 mile

0 ¼ ½ ¾ Mile
0 250 500 750 Metres 1 Kilometre

Copyright of Geographers' A-Z Map Company Limited

Head Office : Fairfield Road, Borough Green, Sevenoaks, Kent TN15 8PP Tel: 01732 781000
Showrooms : 44 Gray's Inn Road, London WC1X 8HX Tel: 0171 242 9246

A
B
C
D
E
1
2
3
4
5
6
7
8
Haydons Road
St. George's Hosp.
Wimbledon
WIMBLEDON HILL RD.
ALEXANDRA RD.
WORPLE RD.
HARTFIELD RD.
THE BROADWAY
SOUTH WIMBLEDON
SW19
MERTON HIGH STREET
HIGH STREET
Colliers Wood
COLLIERS WD.
Wandle Meadow Nature Park
Wandle Park
Superstore
Dundonald Rd.
Dundonald Recreation Ground
South Wimbledon
MERANTUN WAY
KINGSTON ROAD
Merton Park
NELSON INDUSTRIAL ESTATE
Recreation Ground
Playing Field
MERTON
MERTON IND. PARK
SAXON BUSINESS CENTRE
Morden Rd.
Croydon Tramlink (Est. Open 2000)
River Wandle
Wimbledon Chase
NELSON HOSP.
John Innes Park
SW20
MERTON PARK
Kendor Gardens
MORDEN ROAD
MORDEN HALL PARK
Phipps Bridge
Morden Hall
Morden Cottage
Morden Lodge
Belgrave Wlk.
South Merton
Mostyn Gardens
MARTIN WAY
Morden
ABERCONWAY RD.
MORDEN HALL RD.
A297
A239
Ravensbury Park
Morden
MORDEN
Morden Park Sports Centre
School Playing Fields
Sports Centre
Merton College
Bandstand
Swimming Baths
Morden South
SM4
LONDON ROAD
CENTRAL ROAD
ST. HELIER AVENUE
MORDEN PARK
Phoenix Coll.
Moreton Grn. First Sch.
Risley Sports Ground

F
G
H
J
K
1
2
3
4
5
6
7
TOOTING GRAVENEY
SW17
FURZEDOWN
WANDSWORTH
SW16
Tooting
COLLIER'S WOOD
STREATHAM VALE
Lonesome
Mitcham
CR4
MITCHAM
MITCHAM COMMON
MITCHAM (PUBLIC) GOLF COURSE
Mitcham Junc.
MITCHAM RD.
RECTORY LA.
MITCHAM LA.
STREATHAM ROAD
LONDON ROAD
COMMONSIDE WEST
CARSHALTON RD.
CROYDON ROAD
CRANMER RD.
CRICKET GRN
MANOR RD.
WINDMILL RD.
ROWAN RD.
A217
A216
A236
A237
A239
B272
Figges Marsh
Tamworth Rec. Grd.
Streatham Park Cemetery
Crematorium
Eastfields High Sch.
Beecholme First Sch.
Streatham Vale Park
Rowan High Sch.
Sports Ground
Playing Fields
Mill House
Club House
Watermeads (N. T.)
GROVE FARM INDUSTRIAL ESTATE
THE WILLOW BUSINESS CENTRE
Bishopsford House
Beddington
Town Hall
Cricket Green
The Canons Leisure Cen. & Lib.
Beehive Bridge
Blue Houses Bridge
9
4

4
A
B
C
D
E
1
2
3
4
5
6
7
STREATHAM COMMON NORTH
CROWN LA.
A214
STREATHAM COMMON
Streatham Common
Horse Ride
The Rookery
Norwood Grove Recreation Ground
Biggin Wood
GREYHOUND LA.
B272
VALE
Streatham Common
STREATHAM HIGH ROAD
A23
LAMBETH
GREEN LANE
B273
NORBURY PARK
NORBURY
Norbury
Norbury Manor High Sch. for Girls
Stanford Middle Sch.
Sports Ground
School Playing Fields
Norbury Manor Prim. Sch.
STANFORD RD.
SEMLEY RD.
NORTHBOROUGH RD.
LONDON ROAD
CRAIGNISH AV.
Norbury Trading Estate
Norbury Hall
Sports Ground
NORBURY CRESCENT
MELFORT RD.
Tamworth Manor High Sch.
Recreation Ground
William Morris Middle Sch.
MERTON
Donnelly Green
Mitcham
Recreation Ground
Gonville Prim. Sch.
Sports Grounds
Crematorium
CROYDON CEMETERY
Playing Fields
CROYDON RD.
A236
THORNTON RD.
BRIGSTOCK RD.
THORNTON HEATH POND
THORNTON HEATH
MAYDAY UNIVERSITY HOSP.
Archbishop Lanfranc Sch.
10
ROWAN RD.
MANOR RD.
B272
3

5
F
G
H
J
K
1
2
3
4
5
6
7
NORWOOD PARK
ELDER RD
B232
DALE
CENTRAL
A214
St. Joseph's R.C. Jun. & Inf. Sch.
Virgo Fidelis Convent Sch.
Convent Wood
NORWOOD NEW TOWN
Rockmount Prim. Sch.
T.V. Transmitter
CRYSTAL
PALACE
PARK
Intermediate Lake
Sports Hall
Site of Crystal Palace
Tennis Courts
Crystal Palace Museum
NATIONAL RECREATION CENTRE
BROMLEY
Sports Arena
Crystal Palace
Lower Lake
Anerley Entrance
WESTOW HILL
HILL
ANERLEY
CRYSTAL PALACE PARADE
A212
A215
Recreation Ground
Tennis Courts
NORWOOD
Westow Park
SE19
CHURCH
ROAD
Playing Field
Westwood High Sch.
WADDINGTON
HILL
UPPER NORWOOD
Playground
Harris City Technology Coll.
SE20
Anerley Sch.
Civic Halls
Anerley Prim. Sch.
Nursing Home
Orchard School Sports Centre
Anerley
David Livingstone Prim. Sch.
BEAUCHAMP
Ingram High Sch. for Boys
T.V. Station
Beaulieu Heights
Cypress Inf. Sch.
Playing Field
Bowling Green
Tennis Courts
South Norwood Lake
Athletic Grounds
SOUTH
Cypress Jun. Sch.
Spurgeon's College
Bromley Junction
CROYDON
A213
Grangewood Recreation Ground
NORWOOD
LANE
A266
SOUTH NORWOOD
High Sch.
Stanley Hall
ENGE
PORTLAND
SE25
WHITEHORSE
Crystal Palace Football Ground
ROAD
HIGH
B273
Thornton Heath
ROAD
HIGH
ST
A266
A212
ROAD
Priory Sch.
Tennis Courts
Recreation Ground
Norwood Junc.
Heavers Farm Prim. Sch.
St. Chad's R.C. Prim. Sch.
Adult Training Centre
Selhurst
Playing Field
SELHURST
Croydon CR0
Ecclesbourne Jun. & Inf. Sch.
Depot
11
WHITEHORSE
SELHURST
WOODSIDE
Swim. Baths
Hlth. Cen.

A
B
C
D
E
1
2
3
4
5
6
7
SYDENHAM
CRYSTAL PALACE PARK
Sydenham Entrance
Sports Hall
Play. Fld.
SE19
Tennis Cts.
Penge Entrance
Lower Lake
Anerley Entrance
CRYSTAL PALACE PK. RD.
The Haven
St. Christopher's Hospice
Penge East
NEWLANDS PK.
A213
Alexandra Rec. Grd.
Alexandra Jun. Sch.
Playing Field
SE26
Tennis Courts
Playing Field
BECKENHAM BUSINESS CENTRE
Cricket Grd.
Athletic Grd.
NEW BECKENHAM
Bowling Grn.
Sports Ground
New Beckenham
Penge West
HIGH ST.
A234
PARISH LANE
KENT HOUSE RD.
CATOR PARK
Tennis Cts.
Sports Grd.
Anerley
PENGE
SE20
Superstore
Play Fld.
Kent House
Beckenham Road
Clock House
Leisure Cen.
ANERLEY
ANERLEY RD.
A214
Betts Park
Nursing Home
ELMERS END RD.
Avenue Road
Birkbeck
Beckenham Crematorium
Harrington Rd. (Est. open 2000)
Pitch & Putt Course
SE25
SOUTH NORWOOD COUNTRY PARK
Elmers End
Superstore
ELMERS END
Playground
CROYDON
Croydon Sports Arena
Ryelands Prim. Sch.
Arena (Est. open 2000)
Croydon Golf Driving Range
Croydon Tramway (Est. open 2000)
CROYDON RD.
UPPER ELMERS END RD.
A222
A215
PORTLAND ROAD
LONG LANE
Playing Field
Bowling Green
Sports Ground
Pavilion
Monks Orchard Prim. Sch.
Crematorium
Depots
CROYDON ROAD IND. EST.
CHAFFINCH BUSINESS PARK
Bird Sanctuary
12
5
35
36
68
69
70
71

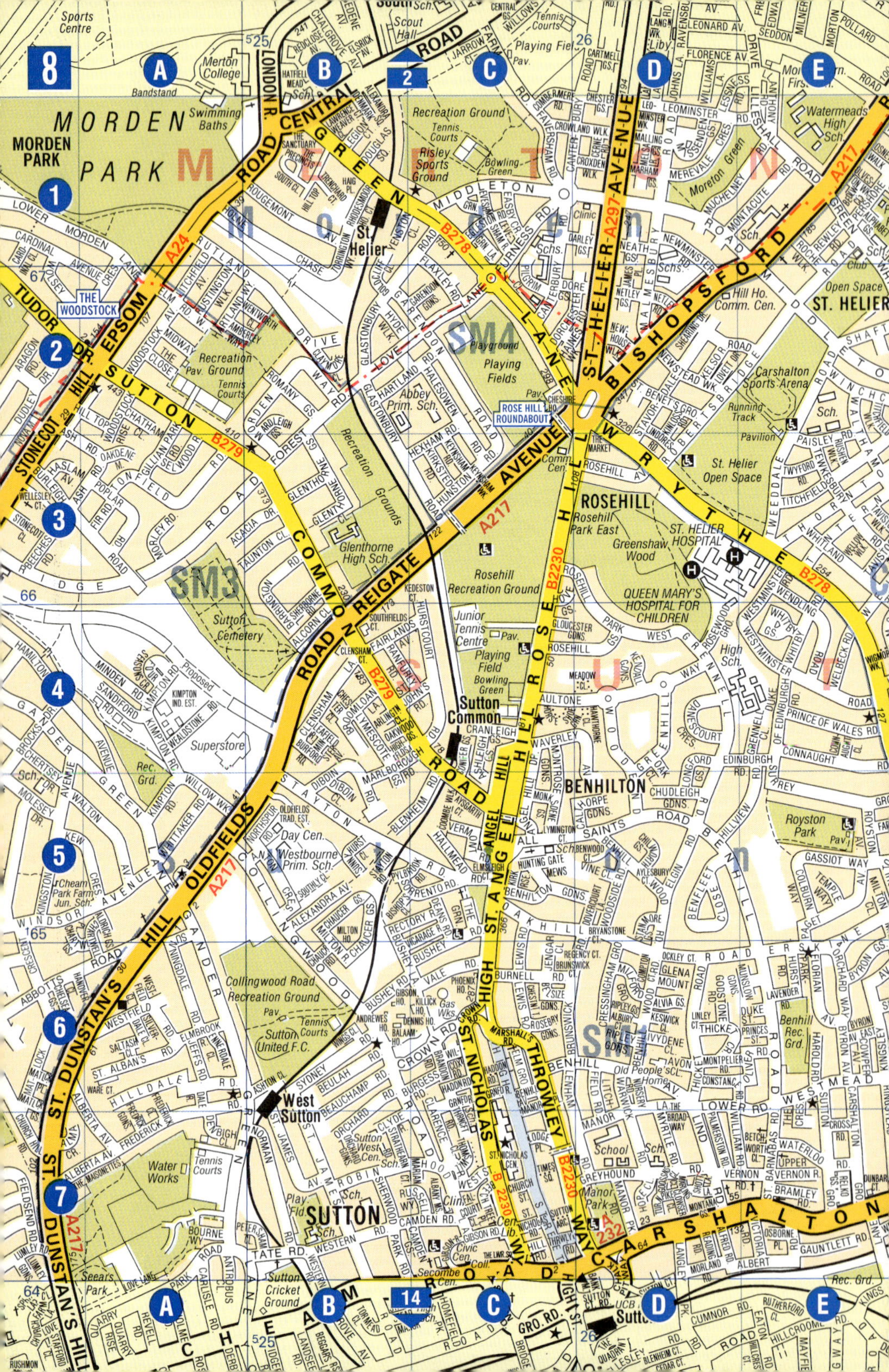
8
MORDEN PARK
MORDEN
PARK
Sports Centre
Merton College
Bandstand
Swimming Baths
Recreation Ground
Risley Sports Ground
Bowling Green
Tennis Courts
St. Helier
SM4
Playground
Playing Fields
Abbey Prim. Sch.
ROSE HILL ROUNDABOUT
THE WOODSTOCK
Recreation Pav. Ground
Recreation Grounds
Glenthorne High Sch.
SM3
Sutton Cemetery
Rosehill Recreation Ground
ROSEHILL
Rosehill Park East
Greenshaw Wood
ST. HELIER HOSPITAL
QUEEN MARY'S HOSPITAL FOR CHILDREN
Junior Tennis Centre
Playing Field
Bowling Green
Sutton Common
BENHILTON
Royston Park
Superstore
Rec. Grd.
Day Cen.
Westbourne Prim. Sch.
Collingwood Road Recreation Ground
Sutton United F.C.
West Sutton
Water Works
Tennis Courts
Sutton Cricket Ground
Sears Park
SUTTON
Civic Cen.
Secombe Cen.
Manor Park
School
Benhill Rec. Grd.
Carshalton Sports Arena
St. Helier Open Space
Open Space
ST. HELIER
Hill Ho. Comm. Cen.
Moreton Green
Watermeads High Sch.
Running Track
Pavilion
Rec. Grd.
Sutton
LONDON R.
CENTRAL ROAD
GREEN LANE
MIDDLETON ROAD
ST. HELIER AVENUE
BISHOPSFORD ROAD
WRYTHE LANE
EPSOM ROAD
SUTTON COMMON ROAD
ROSE HILL
ANGEL HILL
HIGH ST.
ST. NICHOLAS WAY
THROWLEY WAY
CARSHALTON ROAD
ST. DUNSTAN'S HILL
TUDOR DR.
STONECOT HILL
ST. DUNSTAN'S HILL
CHEAM ROAD
OLDFIELDS ROAD
READING ROAD
A24
A217
A297
B278
B279
B2230
A232
2
14
A
B
C
D
E
1
2
3
4
5
6
7
525
26
67
66
65
64

9
MITCHAM COMMON
GOLF COURSE
Mitcham Junction
MERTON
Mitcham
CR4
CR0
BEDDINGTON CORNER
Beddington Lane
Hundred Acre Bridge
Irrigation Bridge
LAND FILL SITE (PROPOSED)
Beddington Sewage Treatment Works
Mile Road Bridge
Hackbridge
HACKBRIDGE
BEDDINGTON PARK
The Grange
Boating Lake
THE WRYTHE
SM5
SM6
Carshalton
CARSHALTON
CARSHALTON PARK
Westcroft Leisure Cen.
The Grove
WALLINGTON
CARSHALTON WAR MEMORIAL HOSP.
Wrythe Rec. Grd.
Carshalton Athletic F.C.
Bushy Meadow Prim. Sch.
Muschamp Prim. Sch.
Carshalton Coll.
St. Philomenas Convent
The Frying Pan
Hogpit Pond
River Wandle
Wandle Bri.
Nature Reserve
Poulter Park
Bishopsford House
Watermeads (N. T.)
THE WILLOW BUSINESS CENTRE
CARSHALTON RD.
LONDON ROAD
A237
NORTH ST.
NIGHTINGALE RD.
HACKBRIDGE RD.
B277
B278
B271
B272
A232
CROYDON RD.
MANOR RD.
RUSKIN ROAD
PARK LA.
WEST ST.
PARK LANE
BEDDINGTON LANE
HIGH ST.
ACRE LA.
POUND ST.
BEYNON RD.
WOODCOTE RD.
WALLINGTON GRN.
F
G
H
J
K
1
2
3
4
5
6
7
3
10
15
28
29
64
66
67
165

CROYDON RD.
MITCHAM ROAD
A236
A23
THORNTON ROAD
Thornton Heath
THORNTON HEATH POND
LONDON ROAD
A235
MAYDAY UNIVERSITY HOSP.
Croydon Tramlink (Est. open 2000)
BEDDINGTON LANE
Therapia Lane
Transport Depot & Warehouse
Beddington Farm
Beddington Sewage Treatment Works
SUTTON
CROYDON
PURLEY WAY
LOMBARD ROUNDABOUT
Waddon Marsh
WANDLE PARK
Wandle Park (Est. open 2000)
WADDON
BEDDINGTON
Electricity Switching Station
Superstore
Warehouse
Works
Carew Manor Sch.
Church Paddock
A232
DUPPAS HILL RD.
Duppas Hill
Recreation Ground
Sports Ground
Waddon
FIVEWAYS CORNER
Retail Park
Wallington
SM6
Bandonhill
Bandon Hill Cemetery
Mellows Park
B271
B272
B275
A213
SUMNER RD.
ROMAN WAY
Red Gates Sch.
Wilson's School
Crematorium
The Archbishop Lanfranc Sch.
Playing Field
Croydon Cemetery

11
F
G
H
J
K
5
17
12
1
2
3
4
5
6
7
32
33
34
64
66
67
165
SE25
CR0
CR2
Selhurst
SELHURST
WOODSIDE
Woodside
CROYDON
West Croydon
East Croydon
South Croydon
SOUTH CROYDON
ADDISCOMBE
Addiscombe
Blackhorse La.
Lebanon Rd.
Sandilands (Est. open 2000)
Woodside (Est. open 2000)
Lloyd Park (Est. open 2000)
Croydon Tramlink (Est. open 2000)
Croydon Cen.
Wellesley Rd.
Church St.
LLOYD PARK
Coombe Park
Coombe Cliff
Coombe Wood
Ballards Plantation
Trinity School Playing Field
Recreation Ground
Sports Ground
Queen's Road Cemetery
Adult Training Centre
Norbury Brook
WINDMILL RD.
WHITEHORSE RD.
NORTHCOTE RD.
SELHURST RD.
LOWER ADDISCOMBE ROAD
MORLAND ROAD
ADDISCOMBE ROAD
CHERRY ORCHARD ROAD
WOODSIDE GRN.
WELLESLEY RD.
PARK LANE
BARCLAY R.
FAIRFIELD RD.
CHEPSTOW RD.
PARK HILL RD.
COOMBE ROAD
SOUTH END
BRIGHTON ROAD
SELSDON RD.
ST. PETER'S ST.
CROHAM RD.
SOUTH PARK HILL RD.
SOUTHBRIDGE R.
FLYOVER
A212
A213
A222
A232
A235
A2039
B243
B274
B275
Pavilion
Coombe Lodge
Coombe Lodge Nurseries
Geoffrey Harris Ho.
Winwood
Royal Russell
Playing Field
Old Bail

A
B
C
D
E
1
2
3
4
5
6
7
6
11
18
UPPER ELMERS
PORTLAND ROAD
SPRING LA.
LONG LANE
A222
A215
B243
Arena (Est. open 2000)
Driving Range
Woodside (Est. open 2000)
Ten. Cts.
Ashburton Park
Library
Blackhorse La.
ADDISCOMBE ROAD
SHIRLEY ROAD
LOWER ADDISCOMBE
Ashburton High Sch.
Playing Fields
Tennis Courts
Ashburton Playing Fields
Playground
SHIRLEY OAKS HOSPITAL
Shirley Oaks
Playing Field
Clinic
PRIMROSE
Glade Wood
MONKS ORCHARD
Monks Orchard Prim. Sch.
Sports Ground
Edenham High Sch.
Bowling Green
Tennis Courts
Park Farm
Parkfields Recreation Ground
Superstore
WICKHAM ROAD
A232
Liby.
Syn. Hall
Nursery
Club House
Shirley Park
Trinity Sch.
SHIRLEY
Bowling Green
SHIRLEY PARK GOLF COURSE
CROYDON
Prim. Sch.
Play. Fld.
Hall Grange
Coloma Convent R.C. Sch.
Shirley High Sch.
Playing Field
Pav.
Rec. Grd.
Tennis Courts
Benson Prim. Sch.
Millers Pond
Foxes Wood
Pinewoods
Shirley Court
Lacrosse Pitch
Shirley Towermill (disused)
Oaks Farm
Coombe Farm
Tennis Court
Weir
Wychwood
Kennel Wood
Club House
The Bungalow
ADDINGTON GOLF COURSE
UPPER SHIRLEY
Addington Hills
Geoffrey Harris Ho.
COOMBE LANE
A212
Coombe Lodge
Coombe Wood
Reservoir (covered)
Coombe Lane (Est. open 2000)
Royal Russell Sch.
Royal Russell Preparatory Sch.
Bandy Mount
Sports Grd.
Ballards Station
Swim. Pool
Tennis Courts
Playing Field
Old Ballards Cottage
BISHOPS WALK
ADDINGTON PALACE GOLF COURSE
Addington Palace
GRAVEL HILL
ADDINGTON

F
G
H
J
K
7
38
39
Eden Park
Langley Park Schools
Sports Ground
Tennis Courts
Hawksbrook Bowl Grn.
Playing Field
Sports Ground
LANGLEY PARK GOLF COURSE
Club House
Beckenham
A214
B230
LINKS WAY
STH. EDEN PK. RD.
SOUTH EDEN PARK RD.
BECKENHAM ROAD
STATION ROAD
LANGLEY PARK
The Rookery
LODGE ROAD
West Wickham
BR3
High Broom Wood
BETHLEM ROYAL HOSPITAL
Cold Shaw
Nurses Home
Caravan Park
Oak Lodge Prim. Sch.
Blake Recreation Ground
West Wickham Pools
PICKHURST LANE
B251
Cupola Wd.
Rec. Grd.
Pickhurst Jun. & Inf. School
Pickhurst Green
Sports Ground
Sports Grounds
Bromley BR2
Hawes Down Jun.& Inf. Sch.
Glebe Sch.
Clinic
WEST WICKHAM
HIGH STREET
GLEBE WAY
A232
ROAD
Springfield
SPRING PARK
Spring Park Wood
Jun. & Inf. Sch.
War Mem.
Bowling Green Sports Ground
Play. Fld.
COURTFIELD RISE
CROYDON RD.
CONEY HALL
BR4
Cheyne Site
Sparrow's Den Playing Fields
SPRING PARK
ADDINGTON ROAD
A2022
Recreation Ground
Coney Hall Rec. Grd.
Wickham Court
St. John Rigby R.C. College
Emmaus Conference Centre
Tower
Threehalfpenny Wood
Pumping Sta.
FOX HILL
Wickham Court Farm
The Cottages
The Bungalows
Foxhill Shaw
Vicarage
ADDINGTON VILLAGE RD.
KENT GATE WAY
Rowdown Fields
BIRCH WOOD
Keston BR2
19
1
2
3
4
5
6
7
67
66
65
64

SUTTON
Sutton
Cheam
CHEAM VILLAGE
ST. DUNSTAN'S
BELMONT
Belmont
SM1
SM2
SM7
Sutton
Banstead
BANSTEAD DOWNS
BANSTEAD DOWNS GOLF COURSE
CUDDINGTON GOLF COURSE
REIGATE and BANSTEAD
H.M.P. Downview
H.M.P. Highdown
SUTTON HOSP.
THE ROYAL MARSDEN HOSP. (SUTTON)
Overton Grange Sch.
Sports Ground
Stowford College
Seaton Ho. Prep. Sch.
The Avenue Prim. Sch.
Sutton Cricket Ground
Seears Park
Gally Hills Tumuli
Fairlawn
White Lodge
Hunters Fi
The Cutting
Beecholme Rec. Grd.
CHEAM RD.
A232
A217
B283
B2230
B2218
BELMONT RISE
BRIGHTON ROAD
BURDON LA.
SUTTON LANE
COTSWOLD RD.
MULGRAVE RD.
GRANGE RD.
DOWNS RD.
FAIRLAWN RD.
CROYDON LANE
WINKWORTH RD.
CARSHALTON RD.
CHILTERN RD.
NORTHEY AV.
HIGHDOWN LANE
THE CROSSWAYS
A B C D E
1 2 3 4 5 6 7
8
20
525
26
63
62
161

Carshalton Beeches
CARSHALTON BEECHES
CARSHALTON ON THE HILL
Wallington
LITTLE WOODCOTE
WOODCOTE GREEN
THE OAKS PARK
WOODCOTE PARK GOLF COURSE
Coulsdon
CROYDON
Purley
SM5
SM6
CR5
CR8
BEECHES AV.
PARK
WOODCOTE ROAD
STAFFORD ROAD
STANLEY PK. RD.
BOUNDARY RD.
WOODMANSTERNE LA.
LITTLE WOODCOTE LA.
WOODMANSTERNE ROAD
CARSHALTON ROAD
SMITHAM BOTTOM LANE
FOXLEY LA.
GROSVENOR AVENUE
STANLEY PARK ROAD
B278
B271
A237
A2022
9
16
21

16
A
B
C
D
E
1
2
3
4
5
6
7
10
15
22
STAFFORD RD.
B271
SOUTH BEDDINGTON
SANDY LA. S.
FORESTERS DRIVE
B272
Foresters Prim. Sch.
Mellows Park
Playing Field
Wilson's School
Sports Grd.
St. Elphege's R.C. Inf. & Jun. Schs.
Roundshaw
Amy Johnson Prim. Sch.
SUTTON
Nature Reserve
Sports Ground
PLOUGH LANE
Croydon
CRO
PURLEY WAY
A23
Factory
Works
Depot
Surrey Tennis & Country Club
PURLEY WAY PLAYING FIELDS
Regina Coeli R.C. Prim. Sch.
Haling Manor High Sch.
Playing Field
Russell Hill Resr. (covered)
Youth & Social Centre
Playground
WADDON
St. Giles Sch.
Purley Ckt. Club
The John Fisher School
Peaks Hill
Laleham Lea Prep. Sch.
FOXLEY LANE
A2022
PURLEY
Margaret Roper R.C. Prim. Sch.
Thomas More R.C. Sch.
PURLEY CROSS
Purley
BRIGHTON ROAD
A235
GODSTONE ROAD
A22
DOWNS COURT RD.
Purley Hosp.
Nursing Home
Superstore
WOODCOTE
Downside Sch.
Upper Woodcote Ho.
Model Village
SMITHAM BOTTOM LA.
A237
SMITHAM DOWNS RD.
B2030
Woodcote High Sch.
Woodcote Jun. & Inf. Sch.
Recreation Ground
Reedham
Sports Cen. & Bowl. Alley
West Dene Sch.
Foxley Wood
Prim. Sch.

17
F
G
H
J
K
1
2
3
4
5
6
7
11
18
23
32
33
34
164
63
62
161
SOUTH CROYDON
HALING PARK
Haling Cott.
Whitgift Sch.
War Mem.
Play. Flds.
BRIGHTON ROAD
A235
DROVERS RD.
UPLAND RD.
JUNCTION RD.
HALING RD
JARVIS RD.
NEWARK RD
MANSFIELD RD.
CRUNDEN RD.
Bus Depot
NAPIER RD.
BYNES RD.
Prim. Sch.
ROLLESTON RD.
KESTREL CT.
NICOLA CL.
VAUXHALL GDS.
ST. AUGUSTINES AV.
TIRLEMONT RD.
MARLBOROUGH RD.
HALING GROVE
HALING GRO.
SELSDON ROAD
B275
TWIN BRIDGES BUSINESS PARK
CHELSHAM RD.
Works
CARLTON RD.
WHITMEAD CL.
ROCKHAMPTON RD.
LISMORE RD.
Sch.
HAREWOOD
RAYLEIGH RISE
CROHAM RD.
NORMANTON RD.
WARD CL.
Play Fld.
CROHAM
Sports Ground
REGENTS CL.
CASTLEMAINE AV.
WINCHELSEY RISE
MANOR WAY
MANOR GDS.
BANKSIDE
Croham Hurst Golf Club
CROHAM HURST
CROHAM HURST GOLF COURSE
Breakneck Hill
HIGH BEECH
UPPER SELSDON ROAD
ESSENDEN RD.
BRAMBLEDOWN RD.
South Croydon
Field Meadow View
Swim. Pool
Coombe Lodge Nurseries
CONDUIT LA.
Coombe Wood
Ballards Plantation
Cottage in the Woods
Playing Field
BALLARDS FARM ROAD
BALLARDS WAY
RUFFETTS CL.
FARLEY ROAD
Thrift Wood
BRIDLE ROAD
SANDERSTEAD ROAD
B269
Sanderstead
S. Croydon Rec. Grd.
BROOMHALL RD.
GLOSSOP RD.
PURLEY OAKS RD.
MAYFIELD RD.
HEATHHURST RD.
BEECHWOOD RD.
Hook's Hill
Ridgeway Prim. Sch.
THE RIDGE WAY
SOUTHCOTE RD.
DAYS ACRE
BARNFIELD RD.
WISBOROUGH RD.
ELMFIELD WAY
ARKWRIGHT RD.
MOIR CL.
RIDGE LANGLEY
LANGLEY OAKS AV.
COURTLANDS CL.
NORFOLK AV.
ARUNDEL AV.
Beech House Prep. Sch.
CHURCH WAY
Playgrd.
The Hooks
Sanderstead Plantation
HOOK HILL
HURNFORD CL.
BRITON HILL ROAD
JORDAN CL.
FARM FIELDS
Lib.
OWNSTEAD GDS.
THE WINDINGS
WOODFIELDS
PURLEY OAKS
Purley Oaks
BRIGHTON RD
PURLEY DOWNS ROAD
Halls
Tennis Ct.
PURLEY BEECHES
CR2
Tennis Courts
Club House
PURLEY DOWNS GOLF COURSE
PURLEY BURY AV.
PURLEY BURY CLOSE
RIDDLESDOWN AVENUE
Riddlesdown
Tennis Cts.
MITCHLEY AVENUE
Scout Hall
MITCHLEY WOOD
MITCHLEY HILL
RECTORY PARK
A2022
ADDINGTON ROAD
SANDERSTEAD HILL
SANDERSTEAD
SELSDON
LIMPSFIELD ROAD
Cemy.
Clinic
Play Fld.
Gresham Prim. Sch.
Recreation Ground
Bowling Green
Borough Fm.
BORROWDALE DR.
GLEBE
HYRST
SHAW CRES.
MONTAGUE AV.
BRIAN AV.
COURT AV.
WESTFIELD ROAD
HYDE ROAD
COPTHORNE RISE
Coombes Wood
Riddlesdown
Keepers Cott.
RIDDLESDOWN ROAD
Roke Prim. Sch.
Ragged Grove
Barnfield Shaw
Atwood Prim. Sch.
HOLMWOOD AV.
TANBRIDGE GDNS.
BLACKSMITHS HILL
SANDERSTEAD COURT AV.

Coombe Wood
Coombe Lane (Est. open 2000)
COOMBE LA.
12
GRAVEL HILL
A212
ADDINGTON PALACE GOLF COURSE
Addington Palace
ADDINGTON PARK
Royal Russell Preparatory Sch.
Bandy Mount
Sports Grd.
Swim. Pool
Playing Field
Old Ballards Cottage
HOLLINGSWORTH RD.
BALLARDS FM. RD.
Heathfield
Croydon Tramlink (Est. open 2000)
Club House
Gravel Hill (Est. open 2000)
Bramley Bank Nature Reserve
RUFFETTS CL.
CHESTNUT
The Ruffet
GALLOP
VALLEY ROAD
Gilbert Scott Jun. & Inf. Sch.
Monks Hill Sports Centre
High Sch.
John Ruskin College
Thrift Wood
CROHAM HURST GOLF COURSE
LITTLEHEATH WOOD
Water Tower
Queenhill Shaw
Selsdon Prim. Sch.
SELSDON PARK ROAD
KENT
HUNTINGFIELD
Forestdale Prim. Sch.
NEWLANDS WOOD
CROFTERS MEAD
BOWENS WOOD
Lady Grove
LINTON GLADE
BROOKSCROFT
Courtwood Prim. Sch.
BRIDLE WAY
CASCADES
SELSDON
A2022
SELSDON ROAD
B275
17
ADDINGTON ROAD
South
Croydon
Recreation Grd.
Jacob's Shaw
Hall Play. Fld.
Croydon High School
Selsdon Hill
Selsdon Park Hotel
Greenvale Prim. Sch.
Steven's Larch
Bird Sanctuary
SELSDON WOOD (Nature Reserve)
Addington Border
Sanderstead Plantation
SELSDON PARK HOTEL
SANDERSTEAD
GOLF COURSE
CR2
Greenhill Shaw
Hillocks Wood
Broom Wood
The Gorse
PUPLET WOOD
Broom Shaw
Farleigh Border
Newlands Wood
Littleshaws
Sports Ground
Kingswood Shaw
Valley View
Wells Shaw
OLD FARLEIGH ROAD
Hodge Grove
Farleigh House Farm
Hogcroft Shaw
Pinewood Cott.
24
KINGS WOOD
Mossyhill Shaw
Moorcroft
Farleigh
Chalgrove

BROMLEY
Keston
BR4
BR2
CR0
CR6
NEW ADDINGTON
FORESTDALE
FICKLESHOLE
ADDINGTON COURT (NEW) GOLF COURSE (PUBLIC)
ADDINGTON COURT (OLD) GOLF COURSE (PUBLIC)
Addington Village open 2000)
Fieldway (Est. open 2000)
King Henry's Dr. (Est. open 2000)
Applegarth Jun. & Inf. Sch.
Prim. Sch.
Wolsey Jun. & Inf. Sch.
Rowdown Jun. & Inf. Sch.
Fairchildes Prim. Sch.
Addington High Sch.
Pitch and Putt Golf Course
Rowdown Fields
Castlehill Ruffs
Bradmanshill Wood
Rushfield Shaw
Long Shaw
Rowdown Wood
Birch Wood
Foxhill Shaw
Frith Wood
Frylands Wood (Scout Camp)
Birchen Shaw
Limekiln Shaw
Coldblow Shaw
Bograms Wood
Chapel Hill
Dumpsy Derry
Crab Wood
Threecorner Grove
Gushybank Shaw
Hutchingson's Bank Nature Reserve
Pear Tree Fm. Cott.
Greyhound Training Kennels
West Wickham Reservoir
Sports Ground
Recreation Ground
Works
Factory
Warehouses
Club House
Depot
Lib.
Baths
Hlth. Cen.
North Down
Cycle Track
The Bungalow
The Bungalows
The Cottages
North Lodge
South Lodge
Fairchildes Farm
Fairchildes Cotts.
Coxs Cottage
Little Farleigh Green Farm
Fickleshole Farm
Playing Field
Tennis Courts
KING HENRY'S DRIVE
PARKWAY
LODGE LANE
FIELDWAY
GOLDCREST WAY
SALCOT CRESCENT
CENTRAL PARADE
ARNHEM DRIVE
FAIRCHILDES AVENUE
FAIRCHILDES CL.
CUDHAM ROAD
OVERBURY CRESCENT
FARLEIGH DEAN CR.
HOMESTEAD WAY
KENNEL WOOD CR.
WEST PARK
MILNE PARK EAST
UVEDALE CRESCENT
CATOR CRESCENT
WALSH CR.
COMPORT GRN
ELIZABETH WAY
GASCOIGNE ROAD
WOLSEY CRESCENT
ALDRICH CRESCENT
SHAXTON CRESCENT
GRENVILLE RD.
BOTHWELL RD.
HENEAGE CR.
CASTLE HILL AV.
ADDINGTON HILLS
WARBANK CRESCENT
VULCAN WAY
ROWDOWN CRESCENT
STOWELL AV.
CALLEY DOWN CRES
WINDHAM AVENUE
GODRIC CRESCENT
REDSTART CL.
KESTREL WY
BROCKHAM CR.
MICKLEHAM WAY
THURSLEY CR.
FRIMLEY CR.
FRENSHAM DR.
HORSLEY DR.
TILFORD AV.
NORTH DOWNS CR.
NORTH DOWNS RD.
MONTACUTE RD.
BEDE RD.
LAYHAMS ROAD
JEWELS HILL
BLACKMAN'S LA.
PARK LANE
ADDINGTON VILLAGE ROAD
A2022 WAY
19
13
25

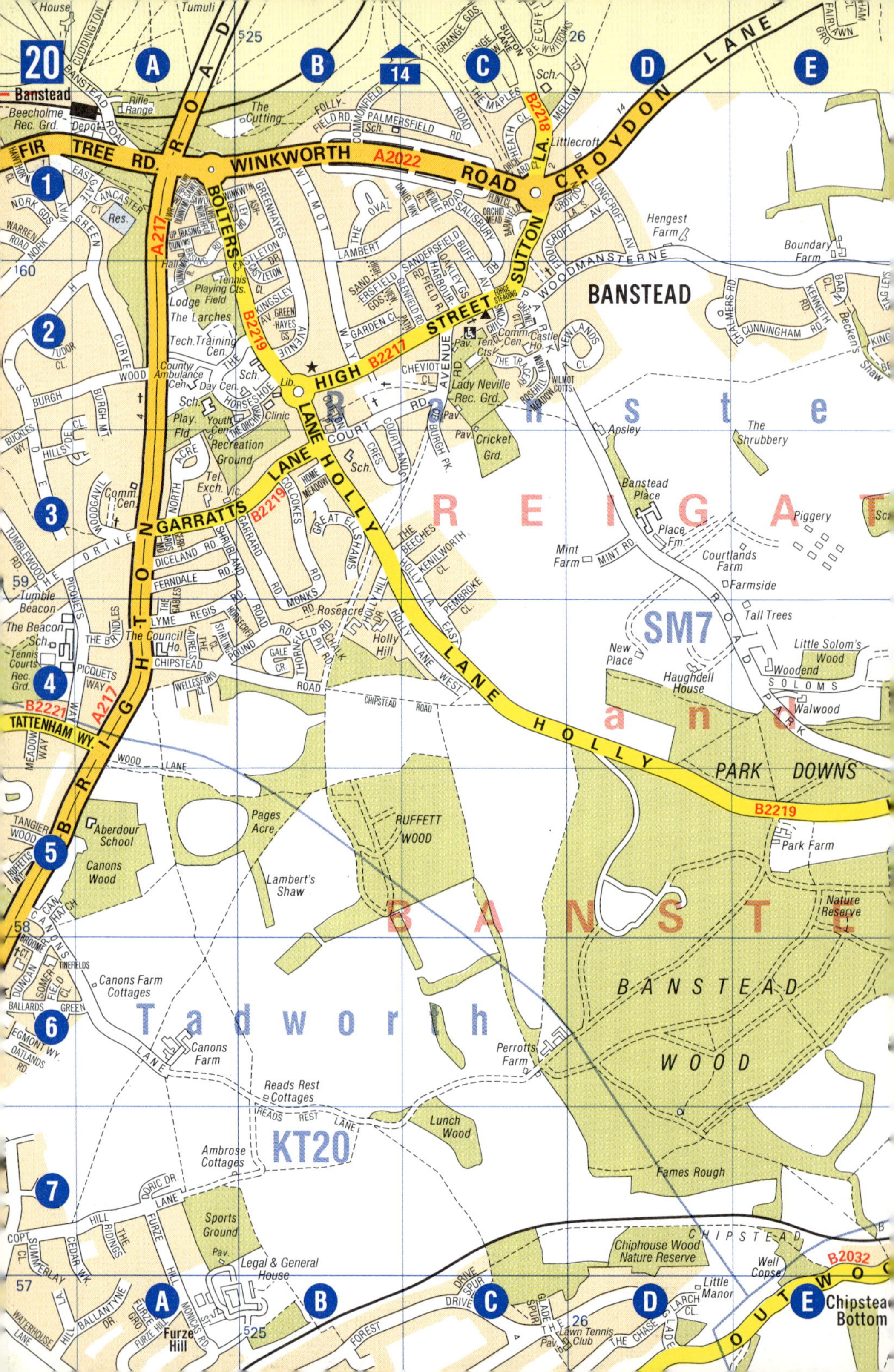
Banstead
14
A
B
C
D
E
1
2
3
4
5
6
7
FIR TREE RD.
WINKWORTH
A2022
ROAD
CROYDON LANE
SUTTON
B2218
BOLTERS
B2219
HIGH
B2217
STREET
LANE
HOLLY
GARRATTS
BRIGHTON ROAD
A217
B2221
TATTENHAM WY.
CHIPSTEAD
ROAD
WOODMANSTERNE
BANSTEAD
Hengest Farm
Boundary Farm
Banstead
REIGATE
and
BANSTEAD
SM7
PARK DOWNS
RUFFETT WOOD
Pages Acre
Lambert's Shaw
Aberdour School
Canons Wood
Tadworth
KT20
Canons Farm
Canons Farm Cottages
Reads Rest Cottages
Ambrose Cottages
Lunch Wood
Perrotts Farm
BANSTEAD WOOD
Fames Rough
Chiphouse Wood Nature Reserve
Sports Ground
Legal & General House
Furze Hill
Lawn Tennis Club
Little Manor
Well Copse
Chipstead Bottom
B2032
Park Farm
Nature Reserve
Banstead Place
Place Fm.
Mint Farm
Courtlands Farm
Farmside
Tall Trees
New Place
Haughdell House
Woodend
Walwood
Little Solom's Wood
The Shrubbery
Piggery
Apsley
Lady Neville Rec. Grd.
Cricket Grd.
Recreation Ground
Tech. Training Cen.
The Larches
Lodge
Tennis Courts
Tumble Beacon
The Beacon
Beecholme Rec. Grd.
Rifle Range
The Cutting
Littlecroft
Tumuli
House
525
26
160
59
58
57

21
15
22
F
G
H
J
K
1
2
3
4
5
6
7
27
28
29
160
59
58
57
Hylands Nurseries
CARSHALTON ROAD
B278
Ruffet Wood
Barn Grove
Hillside Cotts.
Sports Ground
Pav.
Woodmansterne Primary Sch.
Big Wood
Village Hall
CEDARS
MERRYMEET
Weston Acres
Nicola Farm
Lodge
Recreation Ground
Tennis Cts.
Fm.
Manor Cottage Farm
Rectory
RECTORY
MANOR HILL
HATCH
The Manor Ho.
The Old School
Pav.
Cricket Grnd.
WOODMANSTERNE
WOODMANSTERNE RD
CROFT
FIELDHOUSE VILLAS
BLIND LANE
LANE
GDS.
Prospect Plantation
Sports Ground
Playground
LONGLANDS
RICHLAND AV.
CORRIGAN AV.
Clinic
JUNE CL.
GROVE
AVENUE
LLOYD AV.
DOWNLANDS CL.
MOUNT
HILLCREST
FRYSTON AV.
REDFORD AV.
WHITETHORN AV.
BEECHWOOD
RICHMOND
LYNWOOD AV.
CLIFTON
ROAD
MELROSE RD.
ALEXANDER RD.
BRIGSTOCK RD.
WINIFRED
NUTFIELD
LYNDHURST RD.
ST. ANDREW'S RD.
Woodmansterne
Nursy. Sch.
LINDEN AV.
VALLEY
B2032
SUTTON
CLOCK HOUSE
WOODCOTE PARK GOLF COURSE
Woodcote Grove Farm
Orme House
House
Club Ho.
MEADOW HILL
Recreation Ground
Woodcote Jun. & Inf. Sch.
Woodcote High Sch.
DUNSFOLD RISE
Field
GROVE WOOD HILL
THE CHASE
WARWICK ROAD
HOWARD ROAD
APPLEDOWN RISE
AVENUE
BRAMLEY AV.
SOUTHWOOD AV.
WOODMANSTERNE ROAD
JULIEN
WOODCOTE ROAD
WOODMAN RD
FOURTH DR.
BARRIE CL.
CONISTON RD.
SHERWOOD
VINCENT RD.
PORTNALLS RISE
Smitham Prim. Sch.
St. Aidan's R.C. Prim. Sch.
COULSDON
Twiners Shaw
Dunstan's Wood
CROYDON
Pickstead Shaw
Lakers
THE READENS
PRESTBURY CRES.
HEMPSHAW AV.
RISE
Great Solom's Wood
Wood
COURT
Soloms Court
HIGHFIELD ROAD
CHIPSTEAD
MANOR WAY
PINES
UPPER PINE WALK
Works
Tennis Cts.
LANE
CHIPSTEAD
Chipstead Valley Sch.
Playing Fld.
476
415
SANDOWN
GIDD HILL
WESTLEIGH
CHIPSTEAD CL.
GROVE
WOODLANDS
PARKSIDE GDS.
RIDGEMOUNT AV.
PORT-NALLS CL.
Lodge
Postern Wood
Coulsdon
Page Hill
White Hill
HOW HILLS
CHIPSTEAD GOLF COURSE
Tennis Courts
Recreation Ground
CR5
The Postern
Play. Fld.
Cane Hill Forensic Mental Health Unit
RICKMAN HILL RD.
THE PINES
PORTNALLS
HIGHWOLD
BOUVERIE
LISSOMS RD.
RICKMAN HILL
LWR. PK. RD.
LACKFORD
STATION APP.
STATION PDE
Chipstead
Club House
STAGBURY AV.
STAGBURY
HAZELWOOD
West Ridge
HOLLYMEAD
How Green
HOLLYMEOAK
Marlfield Shaw
WOODFIELD
STARROCK
LAVENDER
WOODFIELD CL.
HILL
ROAD
A23
BRIGHTON
MAGPIE CL.
CHARLTON GDS.
DOWNS ROAD
WOODPLACE
THE NETHERLANDS
WILHELMINA AV.
Hooley Farm
GRASSFIELD CL.
REDDOWN
BOURNE CL.
BOURKE HILL
HAZEL WAY
WALPOLE AV.
CHIPSTEAD
YEW TREE CL.
COULSDON
BRIDGEWAY
OLD OAK AV.
STAGBURY HO.
STAGBURY CL.
CLEAVE PRIOR
Dene Farm
DOGHURST LA.
LANE
VINCENT GRN.
VINCENT CL.
Starrock Court Cottage
Starrock Wood
STARROCK
Star Shaw
Woodplace Farm
DRIVE
Longshaw
CASTLE ROAD
Old School House
Chipstead Meads (Recreation Ground)
Elmore
Club
Elmore Pond
Club
Hooley Lodge
Rec. Grd.
Star Bridge
PRETTY
Three Cornered Shaw
Sports Arena
LANE

22
16
21
A
B
C
D
E
1
2
3
4
5
6
7
530
31
160
59
58
57
Purley
CR8
CR5
Coulsdon
CROYDON
COULSDON
OLD COULSDON
REIGATE and BANSTEAD
Smitham
Coulsdon South
A23
A237
B2030
B276
BRIGHTON ROAD
WOODCOTE GROVE ROAD
SMITHAM DOWNS RD.
STOATS NEST ROAD
COULSDON ROAD
MARLPIT LANE
VALLEY ROAD
CHIPSTEAD
FARTHING OR FAIRDEAN DOWNS
HAPPY VALLEY
CHALDON WAY
BRADMORE WAY
COULSDON MANOR GOLF COURSE
Coulsdon Court (Club Ho.)
Stonyfield Shaw
Playing Field
Recreation Ground
Woodcote Jun. & Inf. Sch.
Smitham Prim. Sch.
St. Aidan's Prim. Sch.
Warehouses
Depot
War Mem. Rec. Grd.
Jun. & Inf. Sch.
Tennis Courts
Tennis Ct.
Foxley Wood
Recreation Ground
Tennis Cts
Prim. Sch.
Hartley Farm
Forensic Health Unit
Hooley Farm
Woodplace Farm
Sports Arena
Boxers Wood
T.A.V.R. Centre
Bradmore Grn.
Bowling Green
Club
Keston Jun. Sch.
Keston Inf. Sch.
Coulsdon Coll. Playing Field
Driftway
Tollers Farm
Lacey Green
Parson's Pightle
Coulsdon High Sch.
Play. Fld.
In Wood

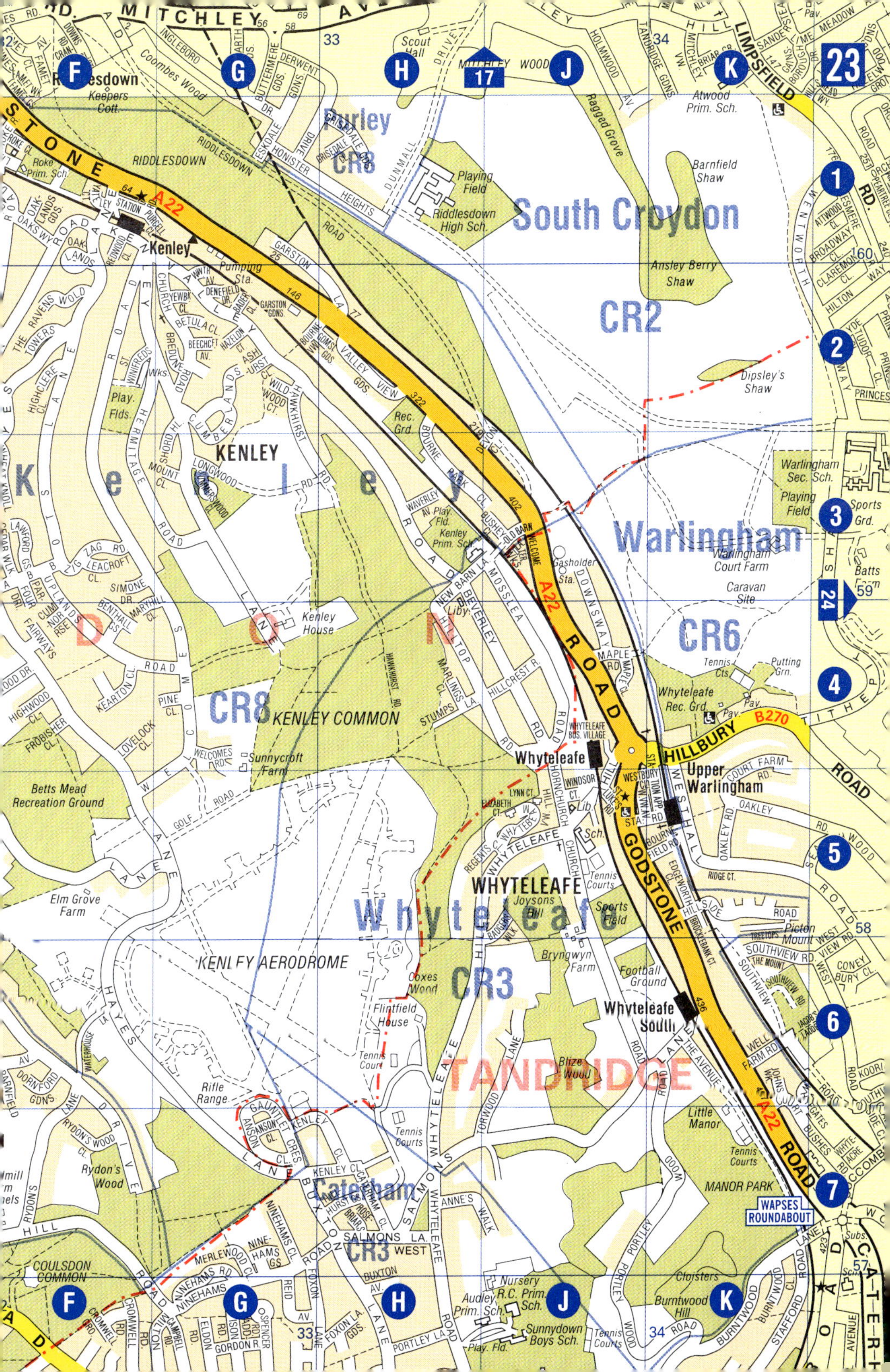

23
South Croydon
CR2
Warlingham
CR6
Kenley
KENLEY
CR8
KENLEY COMMON
Whyteleafe
WHYTELEAFE
CR3
TANDRIDGE
Caterham
Purley
Riddlesdown
KENLEY AERODROME
Upper Warlingham
Riddlesdown High Sch.
Warlingham Sec. Sch.
Kenley Prim. Sch.
Betts Mead Recreation Ground
Elm Grove Farm
Rifle Range
Coxes Wood
Flintfield House
Bryngwyn Farm
Football Ground
Whyteleafe South
Little Manor
MANOR PARK
WAPSES ROUNDABOUT
COULSDON COMMON
Burntwood Hill
Cloisters
Sunnydown Boys Sch.
Audley Prim. Sch.
Nursery R.C. Prim. Sch.
GODSTONE ROAD
HILLBURY ROAD
A22
B270
17
24

24
18
23
A
B
C
D
E
1
2
3
4
5
6
7
535
36
160
59
58
57
South Croydon
KINGS WOOD
CROYDON
CR2
Kingswood Shaw
Valley View
Hodge Grove
Pinewood Cott.
Farleigh House Farm
Deanbottom Shaw
Hogcroft Shaw
Elm Farm
Mossyhill Shaw
Moorcroft
Chalgrove
Farleigh Common
FARLEIGH
Oaken Shaw
Moray Bank
Piggeries
Cottage in the Field
Tennis Ct.
Pav.
Kingswood Lodge
Sports Ground
Moseshill Shaw
The Chestnuts
Great Farleigh Green
The Old Cott.
Littlepark Wood
Harrow Inn
Riding School
Dipsley's Shaw
LIMPSFIELD ROAD
B269
Hamsey Green
Playground
Crewe's Wood
Mount Hopper
Crewe's Cott.
Slades Farm
Warlingham Sec. Sch.
Hamsey Green Co. Inf. & Jun. School
Sports Grd.
Playing Field
Batts Farm
Hamsey Grn. Play. Fld.
Farleigh Common
Club Sports Ground
Farleigh Prim. Sch.
Tithepit Shaw
HILLBURY ROAD
B270
Tennis Courts
Sports Ground
THE GREEN
Liby.
Mill House
Sports Grd.
Club
Greenlawn Memorial Park
Chelsham Place
Superstore
Chelsham Lodge
Highlands Farm
Rec. Grd.
WARLINGHAM
Reservoir (covered)
Picton Mount
Little Wold
Halliloo Plantation
PLANTATION
GOLF COURSE
DUKES DENE
Club Ho.
Cottershill Shaw
Windmill Shaw
Caterham
CR3
Hogerty Hill
Hogerty Hill Plantation
Dukes Hill House
Halliloo Cotts.
Scoldhill Plantation
Dukes Hill Shaw
WOLDINGHAM GARDEN VILLAGE
Shrublands
Park View
North Downs Farm
Viaduct Lodge
Birchwood Ho. Fm.
Playing Field
Round Shaw
WAPSES ROUNDABOUT
WAPSES LODGE
GODSTONE RD.
A22
CROYDON RD
B2208
CATERHAM-BY-PASS
WOLDINGHAM ROAD
Tennis Courts
Putting

19
FICKLESHOLE
CHELSHAM
Chelsham Common
Cheverells
WARLINGHAM PARK HOSPITAL
Limekiln Shaw
Coldblow Shaw
Chapel Hill
Bograms Wood
North Lodge
South Lodge
Fairchildes Farm
Coxs Cottage
BLACKMAN'S LA.
SKID HILL LA.
PARK LANE
FEATHERBED LANE
FAIRCHILDES ROAD
Fickleshole Farm
Fickleshole Farm Cotts.
Beechfield Wood
Little Farleigh Green Farm
Little Farleigh Green
COURT ROAD
Farleigh Ct. Cotts.
Court House
Little Great Hill
Scotshall Farm
SCOTSHALL LANE
HIGH
Ebbuts Shaw
Five Acre Shaw
Greathill Shaw
Midgley Shaws
RAILPIT LANE
Honeyoak Wood
ATPARK WOOD
Cemetery
The Gripes
Broom Coppice
HOLT WOOD
Smugglers' Hole
Sports Fld.
Club
Pav.
Farm
St. Leonards C.of E. Prim. Sch.
Holt Wood
Bull Green
CHURCH LANE
LEDGERS ROAD
CHELSHAM COMMON RD.
Henley House
Cherry Tree Cotts.
Henley Wood
Ledgers Farm
Garden Cott.
Ledgers Park
LEDGERS LANE
Old Bull Cott.
The Bungalow
Church Cotts.
HESIERS ROAD
HESIERS HILL
CHELSHAM COURT ROAD
Broom Lodge Farm
Oldbury Shaw
Washpond Shaw
Reservoir (covered)
WASHPOND LANE
Washpond Cotts.
Chelsham Court
Chelsham Court Farm
CR6
Cony Crook
White Bank
Birchen Shaw
LEDGERS RD.
Broombank Quarry
MILBURY GRN.
Milbury Cott.
Worms Heath
W. T. Station
Broom Bank
FARM
Slines Green
SLINES OAK
BARNARD ROAD
Barnards Lodge
Slynes Oak
Derwent House
Nore Hill House
NEW ROAD
Slines Oaks
Owlpen
NORE HILL
Worms Heath Cotts.
B269
HIGH BREACH
BEECH
Lumberdine Wood
DENE
Butlers Dene
Highways
UPLAND RD.
Warren Barn Farm
UPLAND ROAD
HOVINGS HOLE
Beech Farm
Ashen Shaw
BUTLERS DENE ROAD
Kitchen Grove
RIDGE
Warlingham
F G H J K
1 2 3 4 5 6 7
38 39
160 59 58 57

INDEX TO STREETS

Including Industrial Estates, Junction Names and a selection of Subsidiary Addresses

HOW TO USE THIS INDEX

1. Each street name is followed by its Posttown or Postal Locality, and then by its map reference; e.g. Abbey Rd. *S Croy* —4C **18** is in the South Croydon Posttown and is found in square 4C on page **18**. The page number being shown in bold type.
   A strict alphabetical order is followed in which Av., Rd., St. etc. (though abbreviated) are read in full and as part of the street name; e.g. Abbotsleigh Clo. appears after Abbots La. but before Abbots Way.

2. Streets and a selection of Subsidiary names not shown on the Maps, appear in this index in *Italics* with the thoroughfare to which it is connected shown in brackets; e.g. *Abbey Pde. SW19 —2D* ***2*** *(off Merton High St.)*

3. With the now general usage of Postcodes for addressing mail, it is not recommended that this index be used for such a purpose.

GENERAL ABBREVIATIONS

All : Alley
App : Approach
Arc : Arcade
Av : Avenue
Bk : Back
Boulevd : Boulevard
Bri : Bridge
B'way : Broadway
Bldgs : Buildings
Bus : Business
Cvn : Caravan
Cen : Centre
Chu : Church
Chyd : Churchyard
Circ : Circle
Cir : Circus
Clo : Close
Comn : Common
Cotts : Cottages
Ct : Court
Cres : Crescent
Dri : Drive
E : East
Embkmt : Embankment
Est : Estate
Gdns : Gardens
Ga : Gate
Gt : Great
Grn : Green
Gro : Grove
Ho : House
Ind : Industrial
Junct : Junction
La : Lane
Lit : Little
Lwr : Lower
Mnr : Manor
Mans : Mansions
Mkt : Market
M : Mews
Mt : Mount
N : North
Pal : Palace
Pde : Parade
Pk : Park
Pas : Passage
Pl : Place
Quad : Quadrant
Rd : Road
Shop : Shopping
S : South
Sq : Square
Sta : Station
St : Street
Ter : Terrace
Trad : Trading
Up : Upper
Vs : Villas
Wlk : Walk
W : West
Yd : Yard

POSTTOWN AND POSTAL LOCALITY ABBREVIATIONS

Bans : Banstead
Beck : Beckenham
Bedd : Beddington
Belm : Belmont
Brom : Bromley
Cars : Carshalton
Cat : Caterham
Cheam : Cheam
Chips : Chipstead
Coul : Coulsdon
Coul N : Coulsdon North
Croy : Croydon
Hack : Hackbridge
Hay : Hayes
Kenl : Kenley
Kgswd : Kingswood
Mitc : Mitcham
Mit J : Mitcham Junction
Mord : Morden
New Ad : New Addington
Purl : Purley
Short : Shortlands
S Croy : South Croydon
Sutt : Sutton
Tad : Tadworth
T Hth : Thornton Heath
Wall : Wallington
Warl : Warlingham
W Wick : West Wickham
Whyt : Whyteleafe
Wold : Woldingham

INDEX TO STREETS

Abbey La. *Beck* —2F **7**
Abbey Pde. SW19 —2D ***2***
(off Merton High St.)
Abbey Pk. *Beck* —2F **7**
Abbey Rd. *SW19* —2D **2**
Abbey Rd. *Croy* —5E **10**
Abbey Rd. *S Croy* —4C **18**
Abbotsbury Rd. *Brom* —4K **13**
Abbotsbury Rd. *Mord* —7C **2**
Abbots La. *Kenl* —3F **23**
Abbotsleigh Clo. *Sutt* —2C **14**
Abbots Way. *Beck* —7D **6**
Abbott's Grn. *Croy* —1C **18**
Abbotts Rd. *Mitc* —6K **3**
Abbotts Rd. *Sutt* —6A **8**
Abercairn Rd. *SW16* —2K **3**
Aberconway Rd. *Mord* —6C **2**
Abercorn Clo. *S Croy* —7C **18**
Aberdare Clo. *W Wick* —4H **13**
Aberdeen Rd. *Croy* —6G **11**
Aberfoyle Rd. *SW16* —2A **4**
Abingdon Clo. *SW19* —1D **2**
Abingdon Rd. *SW16* —4B **4**
Abinger Clo. *Wall* —7B **10**
Abinger Ct. *Wall* —7B **10**
Acacia Clo. *SE20* —4K **5**
Acacia Dri. *Sutt* —3B **8**
Acacia Gdns. *W Wick* —4H **13**
Acacia Rd. *SW16* —3C **4**
Acacia Rd. *Beck* —5E **6**
Acacia Rd. *Mitc* —4H **3**
Academy Gdns. *Croy* —3J **11**
Acorn Gdns. *SE19* —3J **5**
Acre La. *Cars & Wall* —6H **9**
Acre Rd. *SW19* —1E **2**
Adair Clo. *SE25* —5A **6**
Adams Rd. *Beck* —7D **6**
Adams Way. *SE25* —1J **11**
Adams Way. *Croy* —1J **11**
Addington Heights. *New Ad* —5H **19**
Addington Rd. *Croy* —3D **10**
Addington Rd. *S Croy* —6K **17**
Addington Rd. *W Wick* —6H **13**
Addington Village Rd. *Croy* (in two parts) —1E **18**
Addiscombe Av. *Croy* —3K **11**
Addiscombe Ct. Rd. *Croy* —3H **11**
Addiscombe Gro. *Croy* —4H **11**
Addiscombe Rd. *Croy* —4H **11**
Addison Pl. *SE25* —6K **5**
Addison Rd. *SE25* —6K **5**
Addison Rd. *Cat* —7G **23**
Addisons Clo. *Croy* —4E **12**
Adelaide Ct. *Beck* —2E **6**
Admiral Ct. *Cars* —3F **9**
Admirals Wlk. *Coul* —7C **22**
Ainsworth Rd. *Croy* —4E **10**
Airbourne Ho. Wall —6K ***9***
(off Maldon Rd.)
Aitken Clo. *Mitc* —2G **9**
Akabusi Clo. *Croy* —1K **11**
Albany M. *Sutt* —7C **8**
Albatross Gdns. *S Croy* —5C **18**
Albemarle Pk. *Beck* —3G **7**
Albemarle Rd. *Beck* —3G **7**
Alberta Av. *Sutt* —6A **8**
Albert Carr Gdns. *SW16* —1B **4**
Albert Rd. *SE20* —1C **6**
Albert Rd. *SE25* —6K **5**
Albert Rd. *Mitc* —5G **3**
Albert Rd. *Sutt* —7E **8**
Albert Rd. *Warl* —5E **24**
Albert Yd. *SE19* —1J **5**
Albion Pl. *SE25* —5K **5**
Albion Rd. *Sutt* —1E **14**
Albion St. *Croy* —3E **10**
Albury Ct. *Sutt* —6D **8**
Alcester Rd. *Wall* —6J **9**
Alcock Clo. *Wall* —2A **16**
Alcorn Clo. *Sutt* —4B **8**
Alden Ct. *Croy* —5H **11**
Aldercroft. *Coul* —3C **22**
Aldersmead Av. *Croy* —1C **12**
Aldersmead Rd. *Beck* —2D **6**
Alders, The. *W Wick* —4G **13**
Alderton Rd. *Croy* —2J **11**
Aldis M. *SW17* —1F **3**
Aldis St. *SW17* —1F **3**
Aldrich Cres. *New Ad* —3H **19**
Aldrich Gdns. *Sutt* —5A **8**
Aldwick Rd. *Croy* —5C **10**
Alexa Ct. *Sutt* —1B **14**
Alexander Ct. *Beck* —3J **7**
Alexander Rd. *Coul* —2J **21**
Alexandra Av. *Sutt* —5B **8**
Alexandra Av. *Warl* —4E **24**
Alexandra Cres. *Brom* —1K **7**
Alexandra Dri. *SE19* —1H **5**
Alexandra Gdns. *Cars* —2H **15**
Alexandra M. *SW19* —1A **2**
Alexandra Pl. *SE25* —7G **5**
Alexandra Pl. *Croy* —3H **11**
Alexandra Rd. *SE26* —1C **6**
Alexandra Rd. *SW19* —1A **2**
Alexandra Rd. *Croy* —3H **11**
Alexandra Rd. *Mitc* —2F **3**
Alexandra Rd. *Warl* —4E **24**
Alexandra Sq. *Mord* —7B **2**
Alexandra Wlk. *SE19* —1H **5**
Alford Grn. *New Ad* —1J **19**
Alfred Rd. *SE25* —7K **5**
Alfred Rd. *Sutt* —7D **8**
Alfriston Av. *Croy* —2B **10**
Alington Gro. *Wall* —3K **15**
Alison Clo. *Croy* —3C **12**
Allenby Av. *S Croy* —3F **17**
Allen Clo. *Mitc* —3K **3**
Allendale Clo. *SE26* —1C **6**
Allen Rd. *Beck* —4C **6**
Allen Rd. *Croy* —3D **10**
All Saints Dri. *S Croy* —6J **17**
All Saints Rd. *SW19* —2D **2**
All Saints Rd. *Sutt* —5C **8**
Alma Cres. *Sutt* —7A **8**
Alma Pl. *SE19* —2J **5**
Alma Pl. *T Hth* —7D **4**
Alma Rd. *Cars* —7F **9**
Almond Av. *Cars* —4G **9**
Almond Way. *Mitc* —7A **4**
Alnwick Gro. *Mord* —6C **2**
Alphabet Gdns. *Cars* —1E **8**
Alpha Rd. *Croy* —3H **11**
Alphea Clo. *SW19* —2F **3**
Alpine Clo. *Croy* —5H **11**
Alpine View. *Sutt* —7F **9**
Alt Gro. *SW19* —2A **2**
Alton Gdns. *Beck* —2F **7**
Alton Rd. *Croy* —5D **10**
Altyre Clo. *Beck* —7E **6**
Altyre Rd. *Croy* —4G **11**
Altyre Way. *Beck* —7E **6**
Alverston Gdns. *SE25* —7H **5**
Alvia Gdns. *Sutt* —6D **8**
Alwyn Clo. *New Ad* —2G **19**
Alwyne Rd. *SW19* —1A **2**
Ambercroft Way. *Coul* —6E **22**
Amberley Ct. *Beck* —2E **6**
Amberley Gro. *Croy* —2J **11**
Amberley Way. *Mord* —2A **8**
Ambleside. *Brom* —1J **7**
Ambleside Av. *Beck* —7D **6**
Ambleside Gdns. *S Croy* —4C **18**
Ambleside Gdns. *Sutt* —1D **14**
Ambrey Way. *Wall* —3A **16**
Amen Corner. *SW17* —1H **3**
Amersham Rd. *Croy* —1F **11**
Ampere Way. *Bedd* —2B **10**
(in two parts)
Ancaster M. *Beck* —5C **6**
Ancaster Rd. *Beck* —5C **6**
Anchorage Clo. *SW19* —1B **2**
Anchor Bus. Cen. *Croy* —5B **10**
Andreck Ct. *Beck* —4G **7**
Andrewes Ho. *Sutt* —6B **8**
Anerley Gro. *SE19* —2J **5**
Anerley Hill. *SE19* —1J **5**
Anerley Pk. *SE20* —2K **5**
Anerley Pk. Rd. *SE20* —2A **6**
Anerley Rd. *SE19 & SE20* —2K **5**
Anerley Sta. Rd. *SE20* —3A **6**
Anerley Vale. *SE19* —2J **5**
Angel Hill. *Sutt* —5C **8**
(in two parts)
Angel Hill Dri. *Sutt* —5C **8**
Angelica Gdns. *Croy* —3C **12**
Anglesey Ct. Rd. *Cars* —1H **15**
Anglesey Gdns. *Cars* —1H **15**
Annandale Rd. *Croy* —4K **11**
Annesley Dri. *Croy* —5E **12**
Anne Sutherland Ho. *Beck* —2D **6**
Anne's Wlk. *Cat* —7H **23**
Annsworthy Av. *T Hth* —5G **5**
Annsworthy Cres. *SE25* —4G **5**
Ann Way. *SE19* —2E **4**
Ansell Gro. *Cars* —3H **9**
Anselm Clo. *Croy* —5J **11**
Ansley Clo. *S Croy* —1A **24**
Anson Clo. *Kenl* —7G **23**
Anthony Rd. *SE25* —1K **11**
Anton Cres. *Sutt* —5B **8**
Antrobus Clo. *Sutt* —7A **8**
Anvil Clo. *SW16* —2K **3**
Apeldoorn Dri. *Wall* —3B **16**
Apex Clo. *Beck* —3G **7**
Apostle Way. *T Hth* —4E **4**
Appledown Rise. *Coul* —2K **21**
Applegarth. *New Ad* —2G **19**
(in two parts)
Appleton Sq. *Mitc* —3F **3**
Appletree Clo. *SE20* —3A **6**
Approach Rd. *Purl* —6D **16**
Apsley Rd. *SE25* —6A **6**
Aragon Clo. *New Ad* —4K **19**
Aragon Rd. *Mord* —2A **8**
Arbor Clo. *Beck* —4G **7**
Arbury Ct. *SE20* —3A **6**
Arcadia Clo. *Cars* —6H **9**
Archer Rd. *SE25* —6A **6**
Archway Clo. *Wall* —5B **10**
Arcus Rd. *Brom* —1K **7**
Ardent Clo. *SE25* —5H **5**
Ardfern Av. *SW16* —5D **4**
Ardingly Clo. *Croy* —5C **12**
Ardleigh Gdns. *Sutt* —2B **8**
Arkell Gro. *SE19* —2E **4**
Arkwright Rd. *S Croy* —4J **17**
Arlington Clo. *Sutt* —4B **8**
Arlington Dri. *Cars* —4G **9**
Armfield Cres. *Mitc* —4G **3**
Arneys La. *Mitc* —1H **9**
Arnhem Dri. *New Ad* —5J **19**
Arnold Rd. *SW17* —2G **3**
Arnulls Rd. *SW16* —1E **4**
Arragon Gdns. *SW16* —2B **4**
Arragon Gdns. *W Wick* —5G **13**
Arran Clo. *Wall* —6J **9**
Arras Av. *Mord* —7D **2**
Arrol Rd. *Beck* —5B **6**
Arun Ct. *SE25* —7K **5**
Arundel Av. *Mord* —6A **2**
Arundel Av. *S Croy* —4K **17**
Arundel Clo. *Croy* —5E **10**
Arundel Ct. *Short* —4K **7**
Arundel Rd. *Croy* —1G **11**
Arundel Rd. *Sutt* —2A **14**
Aschurch Rd. *Croy* —2J **11**
Ascot M. *Wall* —3K **15**
Ascot Rd. *SW17* —1H **3**
Ashbourne Clo. *Coul* —5K **21**
Ashbourne Rd. *Mitc* —2H **3**
Ashbourne Ter. *SW19* —2B **2**
Ashburnham Ct. *Beck* —4H **7**
Ashburton Av. *Croy* —3A **12**
Ashburton Clo. *Croy* —3K **11**
Ashburton Gdns. *Croy* —4K **11**
Ashburton Memorial Homes. *Croy* —2A **12**
Ashburton Rd. *Croy* —4K **11**
Ashbury Pl. *SW19* —1D **2**
Ashby Wlk. *Croy* —1F **11**
Ash Clo. *SE20* —4B **6**
Ash Clo. *Cars* —4G **9**
Ashcombe Rd. *SW19* —1B **2**
Ashcombe Rd. *Cars* —1H **15**
Ash Ct. *SW19* —2A **2**
Ashcroft Rise. *Coul* —3B **22**
Ashdown Clo. *Beck* —4G **7**
Ashdown Ct. *Sutt* —1D **14**
Ashdown Gdns. *S Croy* —2A **24**
Ashen Vale. *S Croy* —3C **18**
Ashfield Clo. *Beck* —2F **7**
Ash Gro. *SE20* —4B **6**
Ash Gro. *W Wick* —4H **13**
Ashgrove Rd. *Brom* —1J **7**
Ashleigh Gdns. *Sutt* —4C **8**
Ashleigh Rd. *SE20* —5A **6**

Ashley Av. *Mord* —7B **2**
Ashley Dri. *Bans* —1B **20**
Ashley La. *Croy* —6E **10**
Ashley Rd. *SW19* —1C **2**
Ashley Rd. *T Hth* —6C **4**
Ashling Rd. *Croy* —3K **11**
Ashmere Av. *Beck* —4J **7**
Ashridge Way. *Mord* —6A **2**
Ash Rd. *Croy* —4F **13**
Ash Rd. *Sutt* —2A **8**
Ashton Clo. *Sutt* —6B **8**
Ashtree Av. *Mitc* —4E **2**
Ash Tree Clo. *Croy* —1D **12**
Ash Tree Way. *Croy* —7C **6**
Ashurst Clo. *SE20* —3A **6**
Ashurst Clo. *Kenl* —2G **23**
Ashurst Wlk. *Croy* —4A **12**
Ashwood. *Warl* —7B **24**
Ashwood Gdns. *New Ad* —1G **19**
Ashworth Est. *Croy* —3A **10**
Asmar Clo. *Coul* —2B **22**
Aspen Gdns. *Mitc* —7H **3**
Assembly Wlk. *Cars* —2F **9**
Atalanta Clo. *Purl* —4D **16**
Atkins Dri. *W Wick* —4J **13**
Attlee Clo. *Croy* —1F **11**
Attwood Clo. *S Croy* —1A **24**
Auckland Clo. *SE19* —3J **5**
Auckland Gdns. *SE19* —3H **5**
Auckland Rise. *SE19* —3H **5**
Auckland Rd. *SE19* —3J **5**
Audley Dri. *Warl* —2B **24**
Audley Pl. *Sutt* —2C **14**
Audrey Clo. *Beck* —1G **13**
Aultone Way. *Cars* —5G **9**
Aultone Way. *Sutt* —4C **8**
Aurelia Gdns. *Croy* —7C **4**
Aurelia Rd. *Croy* —1B **10**
Austin Clo. *Coul* —5E **22**
Autumn Clo. *SW19* —1D **2**
Autumn Dri. *Sutt* —3C **14**
Avalon Clo. *SW20* —4A **2**
Avarn Rd. *SW17* —1G **3**
Avebury Rd. *SW19* —3A **2**
Aveling Clo. *Purl* —7C **16**
Avenue Gdns. *SE25* —4K **5**
Avenue Rd. *SE20 & Beck* —3B **6**
Avenue Rd. *SE25* —4J **5**
Avenue Rd. *SW16* —4A **4**
Avenue Rd. *Bans* —2C **20**
Avenue Rd. *Sutt* —4B **14**
Avenue Rd. *Wall* —2K **15**
Avenue, The. *Beck* —3G **7**
Avenue, The. *Cars* —2H **15**
Avenue, The. *Coul* —2A **22**
Avenue, The. *Croy* —5H **11**
Avenue, The. *Sutt* —4A **14**
Avenue, The. *W Wick* —2K **13**
Avenue, The. *Whyt* —6K **23**
Averil Gro. *SW16* —1E **4**
Aviemore Clo. *Beck* —7E **6**
Aviemore Way. *Beck* —7D **6**
Avington Gro. *SE20* —2B **6**
Avon Clo. *Sutt* —6D **8**
Avondale Rd. *Brom* —1K **7**
Avondale Rd. *S Croy* —1F **17**
Avon Path. *S Croy* —1F **17**
Avro Way. *Wall* —2B **16**
Aylesbury Ct. *Sutt* —5D **8**
Aylesford Av. *Beck* —7D **6**
Aylett Rd. *SE25* —6A **6**
Aylward Rd. *SW20* —4A **2**
Aysgarth Ct. *Sutt* —5C **8**

Backley Gdns. *SE25* —1K **11**
Bader Clo. *Kenl* —2G **23**
Badgers Hole. *Croy* —6C **12**
Badgers La. *Warl* —7B **24**
Badgers Wlk. *Purl* —5K **15**
Badgers Wlk. *Whyt* —5J **23**
Bailey Pl. *SE26* —1C **6**
Baines Clo. *S Croy* —7G **11**
Baker Boy La. *New Ad* —7D **18**
Baker La. *Mitc* —4H **3**
Bakers Ct. *SE25* —5H **5**
Bakers End. *SW20* —4A **2**
Bakers Gdns. *Cars* —4F **9**
Balaam Ho. *Sutt* —6B **8**
Baldry Gdns. *SW16* —1B **4**
Balfont Clo. *S Croy* —7K **17**
Balfour Rd. *SE25* —6K **5**
Balfour Rd. *SW19* —2C **2**
Balfour Rd. *Cars* —2G **15**
Balgowan Rd. *Beck* —4D **6**
Ballantyne Dri. *Kgswd* —7A **20**
Ballards Farm Rd. *S Croy & Croy* —1K **17**
Ballards Grn. *Tad* —6A **20**
Ballards Rise. *S Croy* —1K **17**
Ballards Way. *S Croy & Croy* —1K **17**
Ballater Rd. *S Croy* —7J **11**
Balmoral Av. *Beck* —6D **6**
Balmoral Ct. *Beck* —3H **7**
Balmoral Ct. *Sutt* —2B **14**
Balmoral Gdns. *S Croy* —4G **17**
Balmoral Way. *Sutt* —4B **14**
Baltic Clo. *SW19* —2E **2**
Bampfylde Clo. *Wall* —5K **9**
Banavie Gdns. *Beck* —3H **7**
Banbury Ct. *Sutt* —2B **14**
Bandon Rise. *Wall* —7A **10**
Bank Av. *Mitc* —4E **2**
Bank M. *Sutt* —1D **14**
Bankside. *S Croy* —1J **17**
Bankside Clo. *Cars* —1F **15**
Bankside Way. *SE19* —1H **5**
Banstead Rd. *Cars* —3E **14**
Banstead Rd. *Eps & Bans* —7A **14**
Banstead Rd. *Purl* —5D **16**
Banstead Rd. S. *Sutt* —5D **14**
Banstead Way. *Wall* —7B **10**
Barclay Rd. *Croy* —5G **11**
Bardney Rd. *Mord* —6C **2**
Bardolph Av. *Croy* —3D **18**
Bardsley Clo. *Croy* —5J **11**
Barfreston Way. *SE20* —3A **6**
Bargrove Clo. *SE20* —2K **5**
Barham Rd. *S Croy* —7F **11**
Baring Rd. *Croy* —3K **11**
Barlow Clo. *Wall* —1B **16**
Barmouth Rd. *Croy* —4C **12**
Barnard Clo. *Wall* —2A **16**
Barnard Rd. *Mitc* —5H **3**
Barnard Rd. *Warl* —6G **25**
Barnards Pl. *S Croy* —3E **16**
Barn Clo. *Bans* —2E **20**
Barn Cres. *Purl* —7G **17**
Barnfield. *Bans* —1C **20**
Barnfield Av. *Croy* —4B **12**
Barnfield Av. *Mitc* —5J **3**
Barnfield Clo. *Coul* —6F **23**
Barnfield Rd. *S Croy* —3H **17**
Barnfield Wood Clo. *Beck* —1J **13**
Barnfield Wood Rd. *Beck* —1J **13**
Barnmead Rd. *Beck* —3C **6**
Baron Clo. *Sutt* —4C **14**
Baron Gro. *Mitc* —6F **3**
Barons Ct. *Wall* —5A **10**
Baron's Wlk. *Croy* —1D **12**
Baron Wlk. *Mitc* —6F **3**
Barrie Clo. *Coul* —3K **21**
Barrington Rd. *Purl* —6K **15**
Barrington Rd. *Sutt* —4B **8**
Barrow Av. *Cars* —2G **15**
Barrow Hedges Clo. *Cars* —2F **15**
Barrow Hedges Way. *Cars* —2F **15**
Barrow Rd. *SW16* —1A **4**
Barrow Rd. *Croy* —7D **10**
Barrowsfield. *S Croy* —6J **17**
Barson Clo. *SE20* —2B **6**
Bartlett St. *S Croy* —7G **11**
Bartlett Ter. *Croy* —4D **12**
Barts Clo. *Beck* —7F **7**
Barwood Av. *W Wick* —3G **13**
Basildon Clo. *Sutt* —3C **14**
Basil Gdns. *Croy* —3C **12**
Basinghall Gdns. *Sutt* —3C **14**
Basing Rd. *Bans* —1A **20**
Bassett Clo. *Sutt* —3C **14**
Bates Cres. *SW16* —2K **3**
Bates Cres. *Croy* —7D **10**
Bath Ho. Rd. *Bedd* —3B **10**
Bath Rd. *Mitc* —5E **2**
Bathurst Av. *SW19* —3C **2**
Batley Clo. *Mitc* —2G **9**
Batsworth Rd. *Mitc* —5E **2**
Battenberg Wlk. *SE19* —1H **5**
Battle Clo. *SW19* —1D **2**
Bavant Rd. *SW16* —4B **4**
Bawtree Clo. *Sutt* —4D **14**
Bayards. *Warl* —5B **24**
Bayham Rd. *Mord* —6C **2**
Beacon Gro. *Cars* —6H **9**
Beaconsfield Rd. *Croy* —1G **11**
Beadlow Clo. *Cars* —1E **8**
Beaford Gro. *SW20* —5A **2**
Beardell St. *SE19* —1J **5**
Bearsted Ter. *Beck* —3F **7**
Beatrice Av. *SW16* —5C **4**
Beauchamp Rd. *SE19* —3G **5**
Beauchamp Rd. *Sutt* —6B **8**
Beaufort Gdns. *SW16* —2C **4**
Beaulieu Clo. *Mitc* —3H **3**
Beaumont Rd. *SE19* —1F **5**
Beaumont Rd. *Purl* —7D **16**
Beaver Clo. *SE20* —2K **5**
Beaver Ct. *Beck* —2G **7**
Beck Ct. *Beck* —5C **6**
Beckenham Bus. Cen. *Beck* —1D **6**
Beckenham Gro. *Brom* —4J **7**
Beckenham Hill Est. *Beck* —1G **7**
Beckenham Hill Rd. *Beck & SE6* —1G **7**
Beckenham La. *Brom* —4K **7**
Beckenham Pl. Pk. *Beck* —2G **7**
Beckenham Rd. *Beck* —3C **6**
Beckenham Rd. *W Wick* —2H **13**
Beckenshaw Gdns. *Bans* —2F **21**
Becket Clo. *SE25* —1K **11**
Becket Clo. SW19 —*3C* *2*
(off High Path)
Beckett Av. *Kenl* —2E **22**
Beckett Wlk. *Beck* —1D **6**
Beckford Rd. *Croy* —1J **11**
Beck La. *Beck* —5C **6**
Beck River Pk. *Beck* —3F **7**
Beck Way. *Beck* —5E **6**
Beckway Rd. *SW16* —4A **4**
Beclands Rd. *SW17* —1H **3**
Becondale Rd. *SE19* —1H **5**
Beddington Farm Rd. *Croy* —2B **10**
Beddington Gdns. *Cars & Wall* (in two parts) —1H **15**
Beddington Gro. *Wall* —7A **10**
Beddington La. *Croy* —7K **3**
Beddington Pk. Cotts. *Wall* —5A **10**
Beddington Ter. *Croy* —2C **10**
Beddington Trad. Est. *Croy* —3B **10**
Bedfont Clo. *Mitc* —4H **3**
Bedford Pk. *Croy* —3F **11**
Bedford Pl. *Croy* —3G **11**
Bedlow Way. *Croy* —6C **10**
Bedser Clo. *T Hth* —5F **5**
Bedwardine Rd. *SE19* —2H **5**
Beech Av. *S Croy* —5G **17**
Beech Clo. *Cars* —4G **9**
Beech Copse. *S Croy* —7H **11**
Beech Ct. *Beck* —2E **6**
Beechcroft Av. *Kenl* —2G **23**
Beechcroft Lodge. *Sutt* —2D **14**
Beeches Av. *Cars* —2F **15**
Beeches Clo. *SE20* —3B **6**
Beeches Rd. *Sutt* —3A **8**
Beeches, The. *Bans* —3C **20**
Beeches, The. *S Croy* —7G **11**
Beeches Wlk. *Cars* —3E **14**
Beech Farm Rd. *Warl* —7H **25**
Beechfield. *Bans* —7C **14**
Beech Gro. *Mitc* —7A **4**
Beech Ho. Rd. *Croy* —5G **11**
Beechlee. *Wall* —4K **15**
Beechmont Clo. *Brom* —1K **7**
Beecholme Av. *Mitc* —3J **3**
Beech Rd. *SW16* —4C **4**
Beech Tree Pl. *Sutt* —7B **8**
Beech Way. *S Croy* —7C **18**
Beechwood Av. *Coul* —2J **21**
Beechwood Av. *T Hth* —6E **4**
Beechwood Ct. *Cars* —6G **9**
Beechwood La. *Warl* —6C **24**
Beechwood Rd. *S Croy* —4H **17**
Beeleigh Rd. *Mord* —6C **2**
Beggars Roost La. *Sutt* —1B **14**
Belfast Rd. *SE25* —6A **6**
Belgrave Rd. *SE25* —6J **5**
Belgrave Rd. *Mitc* —5E **2**
Belgrave Wlk. *Mitc* —5E **2**
Belgravia Gdns. *Brom* —1K **7**
Bellevue Pk. *T Hth* —5F **5**
Bellfield. *Croy* —3D **18**
Bell Hill. *Croy* —4F **11**
Belmont Rise. *Sutt* —1A **14**
Belmont Rd. *SE25* —7A **6**
Belmont Rd. *Beck* —4E **6**
Belmont Rd. *Sutt* —4B **14**
Belmont Rd. *Wall* —7J **9**
Belsize Gdns. *Sutt* —6C **8**
Belvedere Av. *SW19* —1A **2**
Belvedere Dri. *SW19* —1A **2**
Belvedere Rd. *SE19* —2J **5**
Bench Field. *S Croy* —7J **11**
Bencombe Rd. *Purl* —1D **22**
Bencroft Rd. *SW16* —2K **3**
Bencurtis Pk. *W Wick* —5J **13**
Benedict Rd. *Mitc* —5E **2**
Benedict Wharf. *Mitc* —5E **2**
Benett Gdns. *SW16* —4B **4**
Benfleet Clo. *Sutt* —5D **8**
Benham Clo. *Coul* —5E **22**
Benhill Av. *Sutt* —6C **8**
Benhill Rd. *Sutt* —5D **8**
Benhill Wood Rd. *Sutt* —5D **8**
Benhilton Gdns. *Sutt* —5C **8**
Benhurst Clo. *S Croy* —4C **18**
Benhurst Ct. *SW16* —1D **4**
Benhurst Gdns. *S Croy* —5B **18**
Bennetts Av. *Croy* —4D **12**
Bennetts Clo. *Mitc* —3J **3**
Bennetts Way. *Croy* —4D **12**
Bensham Clo. *T Hth* —6F **5**
Bensham Gro. *T Hth* —4F **5**
Bensham La. *T Hth & Croy* —7E **4**
Bensham Mnr. Rd. *T Hth* —6F **5**
Benson Rd. *Croy* —5D **10**
Benthall Gdns. *Kenl* —4F **23**
Benwood Ct. *Sutt* —5D **8**
Beresford Rd. *Sutt* —2A **14**
Berkeley Ct. *Wall* —5K **9**
Berkshire Sq. *Mitc* —6B **4**
Berkshire Way. *Mitc* —6B **4**
Bernard Gdns. *SW19* —1A **2**
Bernard Rd. *Wall* —6J **9**
Bernel Dri. *Croy* —5E **12**
Berne Rd. *T Hth* —7F **5**
Berney Ho. *Beck* —7D **6**
Berney Rd. *Croy* —2G **11**
Bertie Rd. *SE26* —1C **6**
Bertram Cotts. *SW19* —2B **2**
Bert Rd. *T Hth* —7F **5**
Besley St. *SW16* —1K **3**
Betchworth Clo. *Sutt* —7E **8**
Betchworth Way. *New Ad* —3H **19**
Bethersden Clo. *Beck* —2E **6**
Betjeman Clo. *Coul* —4C **22**
Betony Clo. *Croy* —3C **12**
Betts Clo. *Beck* —4D **6**
Betts Way. *SE20* —3A **6**
Betula Clo. *Kenl* —2G **23**
Beulah Av. *T Hth* —4F **5**
Beulah Cres. *T Hth* —4F **5**
Beulah Gro. *Croy* —1F **11**
Beulah Hill. *SE19* —1E **4**
Beulah Rd. *SW19* —2A **2**
Beulah Rd. *Sutt* —6B **8**
Beulah Rd. *T Hth* —5F **5**
Beulah Wlk. *Wold* —7D **24**
Bevan Ct. *Croy* —7D **10**
Beverley Rd. *SE20* —4A **6**
Beverley Rd. *Mitc* —6A **4**
Beverley Rd. *Whyt* —4H **23**
Beverstone Rd. *T Hth* —6D **4**
Bevill Allen Clo. *SW17* —1G **3**
Bevill Clo. *SE25* —5K **5**
Bevington Rd. *Beck* —4G **7**
Beynon Rd. *Cars* —7G **9**
Bickersteth Rd. *SW17* —1G **3**
Bickley St. *SW17* —1F **3**
Bicknoller Clo. *Sutt* —4C **14**
Biddulph Rd. *S Croy* —4F **17**
Biggin Av. *Mitc* —3G **3**
Biggin Hill. *SE19* —2E **4**
Biggin Way. *SE19* —2E **4**
Bigginwood Rd. *SW16* —2E **4**
Bindon Grn. *Mord* —6C **2**
Binfield Rd. *S Croy* —7J **11**
Bingham Rd. *Croy* —3K **11**
Birchanger Rd. *SE25* —7K **6**
Birch Ct. *Wall* —6J **9**
Birchend Clo. *S Croy* —1G **17**
Birches Clo. *Mitc* —5G **3**
Birchfield Clo. *Coul* —3C **22**
Birch Hill. *Croy* —7C **12**
Birch La. *Purl* —5B **16**
Birch Tree Av. *W Wick* —7K **13**
Birch Tree Way. *Croy* —4A **12**
Birch Wlk. *Mitc* —3J **3**
Birch Way. *Warl* —5D **24**
Birchwood Av. *Beck* —6E **6**
Birchwood Av. *Wall* —5H **9**
Birchwood Clo. *Mord* —6C **2**
Birdhurst Av. *S Croy* —6G **11**
Birdhurst Gdns. *S Croy* —6G **11**
Birdhurst Rise. *S Croy* —7H **11**
Birdhurst Rd. *SW19* —1F **3**
Birdhurst Rd. *S Croy* —7H **11**
Birdwood Clo. *S Croy* —5B **18**
Birkbeck Rd. *SW19* —1C **2**
Birkbeck Rd. *Beck* —4B **6**
Birkdale Gdns. *Croy* —6C **12**
Bisenden Rd. *Croy* —4H **11**
Bisham Clo. *Cars* —3G **9**
Bishop's Clo. *Coul* —5D **22**
Bishop's Clo. *Sutt* —5B **8**
Bishopsford Rd. *Mord* —2D **8**
Bishops Pk. Rd. *SW16* —3B **4**
Bishop's Rd. *Croy* —2E **10**
Bishops Wlk. *Croy* —7C **12**
Blackbush Clo. *Sutt* —2C **14**
Blackford Clo. *S Croy* —3E **16**
Black Horse La. *Croy* —2K **11**
Blackman's La. *Warl* —1K **25**
Blackshaw Rd. *SW17* —1E **2**
Blacksmiths Hill. *S Croy* —7K **17**
Blackthorne Av. *Croy* —3B **12**
Bladon Ct. *SW16* —1B **4**
Blair Ct. *Beck* —3G **7**
Blake Clo. *Cars* —3F **9**
Blakehall Rd. *Cars* —1G **15**
Blakemore Rd. *T Hth* —7C **4**
Blakeney Av. *Beck* —3E **6**
Blakeney Rd. *Beck* —2E **6**
Blake Rd. *Croy* —4H **11**
Blake Rd. *Mitc* —5F **3**
Blake's Grn. *W Wick* —3H **13**
Blakesley Wlk. *SW20* —4A **2**
Blanchland Rd. *Mord* —7C **2**
Blanchman's Rd. *Warl* —5D **24**
Blandford Av. *Beck* —4D **6**
Blandford Clo. *Croy* —5B **10**
Blandford Rd. *Beck* —4B **6**
Blean Gro. *SE20* —2B **6**
Blegborough Rd. *SW16* —1K **3**
Blenheim Clo. *Wall* —2K **15**
Blenheim Ct. *Brom* —6K **7**
Blenheim Ct. *Sutt* —1D **14**
Blenheim Cres. *S Croy* —2F **17**
Blenheim Gdns. *S Croy* —6K **17**
Blenheim Gdns. *Wall* —1K **15**
Blenheim Pk. Rd. *S Croy* —3F **17**
Blenheim Rd. *SE20* —2B **6**
Blenheim Rd. *Sutt* —5B **8**
Blenheim Shop. Cen. *SE20* —2B **6**
Bletchingley Clo. *T Hth* —6E **4**
Blind La. *Bans* —2F **21**
Bloomhall Rd. *SE19* —1G **5**
Blossom Clo. *S Croy* —7J **11**
Bloxworth Clo. *Wall* —5K **9**
Bluebell Clo. *Wall* —3J **9**
Blueberry Gdns. *Coul* —3C **22**
Blue Riband Ind. Est. *Croy* —4E **10**
Blunt Rd. *S Croy* —7G **11**
Bodiam Rd. *SW16* —2A **4**
Bodmin Gro. *Mord* —7C **2**
Bolderwood Way. *W Wick* —4G **13**
Boleyn Gdns. *W Wick* —4G **13**
Boleyn Gro. *W Wick* —4H **13**
Bolstead Rd. *Mitc* —3J **3**
Bolters La. *Bans* —1A **20**
Bolton Clo. *SE20* —4K **5**
Bolton Gdns. *Brom* —1K **7**
Bonchurch Clo. *Sutt* —2C **14**
Bond Gdns. *Wall* —6K **9**
Bond Rd. *Mitc* —4F **3**
Bond Rd. *Warl* —5C **24**
Booth Rd. *Croy* —4E **10**
Border Cres. *SE26* —1A **6**
Border Gdns. *Croy* —6G **13**
Bordergate. *Mitc* —3G **3**
Border Rd. *SE26* —1A **6**
Bordesley Rd. *Mord* —6C **2**
Borough Hill. *Croy* —5E **10**
Borough Rd. *Mitc* —4F **3**
Borrowdale Clo. *S Croy* —7J **17**
Borrowdale Dri. *S Croy* —6J **17**
Boscombe Gdns. *SW16* —1B **4**
Boscombe Rd. *SW17* —1H **3**
Boscombe Rd. *SW19* —3B **2**
Boston Rd. *Croy* —1C **10**
Boswell Rd. *T Hth* —6F **5**
Bothwell Rd. *New Ad* —4H **19**
Boulogne Rd. *Croy* —1F **11**
Boundary Clo. *SE20* —4K **5**
Boundary Rd. *SW19* —1E **2**
Boundary Rd. *Cars & Wall* —1J **15**
Boundary Way. *Croy* —7F **13**
Bourdon Rd. *SE20* —4B **6**
Bourke Hill. *Coul* —5G **21**
Bourne Dri. *Mitc* —4E **2**
Bournefield Rd. *Whyt* —5K **23**
Bournemouth Rd. *SW19* —3B **2**
Bourne Pk. Clo. *Kenl* —3H **23**
Bourne St. *Croy* —4E **10**
Bourne View. *Kenl* —2G **23**

Bourne Way. Brom —4K 13
Bourne Way. Sutt —7A 8
Bouverie Gdns. Purl —1B 22
Bouverie Rd. Coul —5H 21
Bovingdon Sq. Mitc —6B 4
Bowens Wood. Croy —3E 18
Bowley Clo. SE19 —1J 5
Bowley La. SE19 —1J 5
Bowmans Meadow. Wall —5J 9
Boxford Clo. S Croy —6C 18
Boxley Rd. Mord —6D 2
Box Ridge Av. Purl —6C 16
Boxwood Way. Warl —4C 24
Boyd Rd. SW19 —1E 2
Brabazon Av. Wall —2B 16
Brabourne Clo. SE19 —1H 5
Brabourne Rise. Beck —7H 7
Brabrook Ct. Wall —6J 9
Bracewood Gdns. Croy —5J 11
Bracken Av. Croy —5G 13
Bracken Hill La. Brom —3K 7
Brackens. Beck —2F 7
Brackley Clo. Wall —2B 16
Brackley Rd. Beck —2E 6
Brading Rd. Croy —1C 10
Bradley Rd. SE19 —1F 5
Bradmore Way. Coul —4B 22
Bradshaw Clo. SW19 —1B 2
Bradshaws Clo. SE25 —5K 5
Braemar Av. S Croy —4F 17
Braemar Av. T Hth —5E 4
Braemar Gdns. W Wick —3H 13
Braeside. Beck —1F 7
Braeside Av. SW19 —3A 2
Braeside Rd. SW16 —2K 3
Brafferton Rd. Croy —6F 11
Brailsford Clo. Mitc —2F 3
Brambleacres Clo. Sutt —2B 14
Bramble Banks. Cars —3H 15
Bramble Clo. Croy —6F 13
Brambledown Clo. W Wick —7K 7
Brambledown Rd. Cars & Wall —2H 15
Brambledown Rd. S Croy —2H 17
Brambles, The. SW19 —1A 2 (off Woodside)
Bramblewood Clo. Cars —3F 9
Bramcote Av. Mitc —6G 3
Bramerton Rd. Beck —5E 6
Bramley Av. Coul —2K 21
Bramley Clo. S Croy —7F 11
Bramley Hill. S Croy —7E 10
Bramley Rd. Sutt —7E 8
Bramley Way. W Wick —4G 13
Brampton Rd. Croy —1J 11
Brancaster La. Purl —5F 17
Brancker Clo. Wall —2B 16
Brandon Ho. Beck —1G 7 (off Beckenham Hill Rd.)
Brandon Rd. Sutt —6C 8
Brandries, The. Wall —5A 10
Brandy Way. Sutt —2B 14
Brangwyn Cres. SW19 —3D 2
Branksome Rd. SW19 —3B 2
Branscombe Ct. Brom —7K 7
Brantwood Rd. S Croy —3F 17
Brasted Clo. Sutt —4B 14
Brasted Lodge. SE20 —2F 7
Bratten Ct. Croy —1G 11
Braxted Pk. SW16 —1C 4
Braybrooke Gdns. SE19 —2J 5
Brazil Clo. Bedd —2B 10
Breakfield. Coul —3B 22
Brecon Clo. Mitc —5B 4
Bredhurst Clo. SE20 —1B 6
Bredon Rd. Croy —2J 11
Bredune. Kenl —2G 23
Brenley Clo. Mitc —5H 3
Brent Rd. S Croy —3A 18
Brian Av. S Croy —6H 17
Briar Av. SW16 —2C 4
Briar Banks. Cars —3H 15
Briar Gdns. Brom —3K 13
Briar Gro. S Croy —7K 17
Briar Hill. Purl —5B 16
Briar La. Cars —3H 15
Briar La. Croy —6G 13
Briar Rd. SW16 —5B 4
Briary Lodge. Beck —3H 7
Brickfield Rd. T Hth —3E 4
Brickwood Rd. Croy —4H 11
Bridgefield Rd. Sutt —1B 14
Bridge Ho. Sutt —1C 14 (off Bridge Rd.)
Bridge Pl. Croy —3G 11
Bridge Rd. Beck —2E 6
Bridge Rd. Sutt —1C 14
Bridge Rd. Wall —7K 9
Bridge Row. Croy —3G 11
Bridges La. Croy —6B 10
Bridges Rd. SW19 —1C 2
Bridges Rd. M. SW19 —1C 2
Bridge Way. Coul —6F 21
Bridgewood Clo. SE20 —2A 6
Bridgewood Rd. SW16 —2A 4
Bridle Path. Croy —5B 10
Bridle Rd. Croy —5F 13 (in two parts)
Bridle Rd. S Croy —3K 17
Bridle Rd., The. Purl —4B 16
Bridle Way. Croy —6F 13
Bridle Way, The. Croy —4D 18
Bridleway, The. Wall —7K 9
Bridport Rd. T Hth —5D 4
Brierley. New Ad —1G 19 (in two parts)
Brierley Clo. SE25 —6K 5
Briggs Clo. Mitc —3J 3
Brighton Rd. Coul & Purl —7J 21
Brighton Rd. S Croy —7F 11
Brighton Rd. Sutt —5B 14
Brighton Rd. Tad & Bans —5A 20
Brightwell Clo. Croy —3D 10
Brightwell Cres. SW17 —1G 3
Brigstock Rd. Coul —2J 21
Brigstock Rd. T Hth —7D 4
Brindles, The. Bans —4A 20
Brisbane Av. SW19 —3C 2
Briscoe Rd. SW19 —1E 2
Bristol Rd. Mord —7D 2
Bristow Rd. SE19 —1H 5
Bristow Rd. Croy —6B 10
Briton Clo. S Croy —5H 17
Briton Cres. S Croy —5H 17
Briton Hill Rd. S Croy —4H 17
Broadcoombe. S Croy —2C 18
Broadfield Clo. Croy —4B 10
Broad Grn. Av. Croy —2E 10
Broadlands Dri. Warl —6B 24
Broadoaks Way. Brom —7K 7
Broadview Rd. SW16 —2A 4
Broadway Av. Croy —7G 5
Broadway Clo. S Croy —1A 24
Broadway Ct. SW19 —1B 2
Broadway Ct. Beck —5H 7
Broadway Gdns. Mitc —6F 3
Broadway Pl. SW19 —1A 2
Broadway, The. SW19 —1B 2
Broadway, The. Croy —6B 10
Broadway, The. Sutt —7D 8
Brockenhurst Rd. Croy —2A 12
Brockenhurst Way. SW16 —4A 4
Brockham Clo. SW19 —1A 2
Brockham Cres. New Ad —2J 19
Brocklebank Ct. Whyt —5K 23
Brocklesby Rd. SE25 —6A 6
Brocks Dri. Sutt —4A 8
Brograve Gdns. Beck —4G 7
Bromley Av. Brom —2K 7
Bromley Gro. Brom —4J 7
Bromley Hill. Brom —1K 7
Bromley Rd. SE6 & Brom —1J 7
Bromley Rd. Beck & Short —3G 7
Brompton Clo. SE20 —4K 5
Brookfield Av. Sutt —6F 9
Brookfields Av. Mitc —7F 3
Brooklands Ct. Mitc —4E 2
Brooklyn Av. SE25 —6A 6
Brooklyn Clo. Cars —4F 9
Brooklyn Gro. SE25 —6A 6
Brooklyn Rd. SE25 —6A 6
Brookmead Ind. Est. Croy —1K 9
Brookmead Rd. Croy —1K 9
Brook Rd. T Hth —6F 5
Brookscroft. Croy —4E 18
Brookside. Cars —7H 9
Brookside Way. Croy —1C 12
Brookwood Clo. Brom —6K 7
Broome Ct. Tad —6A 20
Broomfield Rd. Beck —5E 6
Broom Gdns. Croy —5F 13
Broomhall Rd. S Croy —3G 17
Broomloan La. Sutt —4B 8
Broom Rd. Croy —5F 13
Broomwood Clo. Croy —7C 6
Broseley Gro. SE26 —1D 6
Broster Gdns. SE25 —5J 5
Broughton Rd. T Hth —1D 10
Brown Clo. Wall —2B 16
Browning Av. Sutt —6F 9
Brownlow Rd. Croy —6H 11
Bruce Dri. S Croy —3C 18
Bruce Rd. SE25 —6G 5
Bruce Rd. Mitc —2H 3
Brunel Clo. SE19 —1J 5
Brunswick Ct. Sutt —6C 8
Brunswick M. SW16 —1A 4
Brunswick Pl. SE19 —2K 5
Brunswick Rd. Sutt —6C 8
Bruton Rd. Mord —6D 2
Bryanstone Ct. Sutt —6D 8
Buckfast Rd. Mord —6C 2
Buckhurst Av. Cars —3F 9
Buckingham Av. T Hth —3D 4
Buckingham Ct. Sutt —3B 14
Buckingham Gdns. T Hth —4D 4
Buckingham Rd. Mitc —7B 4
Buckingham Way. Wall —3K 15
Buckland Wlk. Mord —6D 2
Buckleigh Av. SW20 —5A 2
Buckleigh Rd. SW16 —1A 4
Buckleigh Way. SE19 —2J 5
Buckler's Way. Cars —5G 9
Buckles Way. Bans —3A 20
Budge La. Mitc —2G 9
Buff Av. Bans —1C 20
Bug Hill. Wold —7C 24
Bulganak Rd. T Hth —6F 5
Buller Rd. T Hth —4G 5
Bullfinch Rd. S Croy —4C 18
Bullrush Clo. SE25 —1H 11
Bungalow Rd. SE25 —6H 5
Bungalows, The. SW16 —2J 3
Bunting Clo. Mitc —7G 3
Burcott Rd. Purl —1D 22
Burdett Rd. Croy —1G 11
Burdock Clo. Croy —3C 12
Burdon La. Sutt —2A 14
Burdon Pk. Sutt —3A 14
Burfield Dri. Warl —6B 24
Burford Rd. Sutt —4B 8
Burford Way. New Ad —1H 19
Burgess Rd. Sutt —6C 8
Burghley Pl. Mitc —7G 3
Burgh Mt. Bans —2A 20
Burgh Wood. Bans —2A 20
Burgos Clo. Croy —1D 16
Burgoyne Rd. SE25 —6J 5
Burham Clo. SE20 —2B 6
Burleigh Av. Wall —5H 9
Burleigh Rd. Sutt —3A 8
Burley Clo. SW16 —4A 4
Burlington Rd. T Hth —4F 5
Burmarsh Ct. SE20 —3B 6
Burma Ter. SE19 —1H 5
Burnell Rd. Sutt —6C 8
Burnham Gdns. Croy —2J 11
Burnham Rd. Mord —6C 2
Burnhill Rd. Beck —4F 7
Burns Clo. SW19 —1E 2
Burntwood Clo. Cat —7K 23
Burntwood La. Cat —7K 23
Burntwood View. SE19 —1J 5
Burrell Clo. Croy —1D 12
Burrell Row. Beck —4F 7
Burstow Rd. SW20 —3A 2
Burton Ct. Beck —4B 6
Burwood Av. Kenl —1E 22
Bury Gro. Mord —7C 2
Bushey Clo. Kenl —3J 23
Bushey La. Sutt —6B 8
Bushey Rd. Croy —4F 13
Bushey Rd. Sutt —6B 8
Bushey Way. Beck —1J 13
Bute Ct. Wall —7K 9
Bute Gdns. Wall —7K 9
Bute Gdns. W. Wall —7K 9
Bute Rd. Croy —3D 10
Bute Rd. Wall —6K 9
Butlers Dene Rd. Wold —7E 24
Butterfly Wlk. Warl —7B 24
Butter Hill. Wall —5H 9
Buttermere Gdns. Purl —7G 17
Buxton Av. Cat —7H 23
Buxton La. Cat —7H 23
Buxton Rd. T Hth —7E 4
Byards Croft. SW16 —3A 4
Bycroft St. SE20 —2C 6
Byegrove Rd. SW19 —1E 2
Bygrove. New Ad —1F 19
Byne Rd. SE26 —1B 6
Byne Rd. Cars —4F 9
Bynes Rd. S Croy —2G 17
Byron Av. Coul —2B 22
Byron Av. Sutt —6E 8
Byron Av. E. Sutt —6E 8
Byron Clo. SE20 —5A 6
Byron Clo. SE26 —1D 6
Byron Gdns. Sutt —6E 8
Byron Rd. S Croy —4A 18
Byton Rd. SW17 —1G 3
Byway, The. Sutt —3E 14
Bywood Av. Croy —1B 12
Bywood Clo. Kenl —2E 22

Cadogan Clo. Beck —3J 7
Cadogan Ct. Sutt —1C 14
Caernarvon Clo. Mitc —5B 4
Caesars Wlk. Mitc —7G 3
Cairo New Rd. Croy —4E 10
Caithness Rd. Mitc —2J 3
Calder Rd. Mord —7D 2
Caledon Rd. Wall —6H 9
Calley Down Cres. New Ad —4J 19
Callow Field. Purl —7D 16
Calmont Rd. Brom —1J 7
Calthorpe Gdns. Sutt —5D 8
Calverley Clo. Beck —1G 7
Camborne Rd. Croy —2K 11
Camborne Rd. Sutt —2B 14
Cambridge Gro. SE20 —3A 6
Cambridge Rd. SE20 —5A 6
Cambridge Rd. Cars —1F 15
Cambridge Rd. Mitc —5K 3
Camden Gdns. Sutt —7C 8
Camden Gdns. T Hth —5E 4
Camden Hill Rd. SE19 —1H 5
Camden Rd. Cars —6G 9
Camden Rd. Sutt —7C 8
Camden Way. T Hth —5E 4
Cameron Rd. Croy —1E 10
Cameron Sq. Mitc —3F 3
Camille Clo. SE25 —5K 5
Camomile Av. Mitc —3G 3
Campbell Rd. Cat —7G 23
Campbell Rd. Croy —2E 10
Campden Rd. S Croy —7H 11
Campion Clo. Croy —6H 11
Camp Rd. Wold —7D 24
Camrose Clo. Croy —2D 12
Camrose Clo. Mord —6B 2
Canal Wlk. Croy —1J 11
Cane Clo. Wall —2B 16
Canham Rd. SE25 —5H 5
Can Hatch. Tad —5A 20
Canmore Gdns. SW16 —2K 3
Canning Rd. Croy —4J 11
Cannon Hill La. SW20 —5A 2
Canons Hill. Coul —5D 22
Canons La. Tad —5A 20
Canon's Wlk. Croy —5C 12
Canterbury Clo. Beck —3G 7
Canterbury Rd. Croy —2C 10
Canterbury Rd. Mord —2C 8
Cantley Gdns. SE19 —3J 5
Capel Av. Wall —7C 10
Capel Ct. SE20 —3B 6
Capital Pl. Croy —7C 10
Capri Rd. Croy —3J 11
Caraway Pl. Wall —5J 9
Carberry Rd. SE19 —1H 5
Cardigan Rd. SW19 —1D 2
Cardinal Av. Mord —1A 8
Cardinal Clo. Mord —1A 8
Carew Clo. Coul —6E 22
Carew Ct. Sutt —3C 14
Carew Mnr. Cotts. Wall —5A 10
Carew Rd. Mitc —4H 3
Carew Rd. T Hth —6E 4
Carew Rd. Wall —1K 15
Cargreen Pl. SE25 —6J 5
Cargreen Rd. SE25 —6J 5
Carisbrooke Ct. Cheam —2A 14
Carisbrooke Rd. Mitc —6A 4
Carleton Av. Wall —3A 16
Carlingford Gdns. Mitc —2H 3
Carlisle Rd. Sutt —1A 14
Carlisle Way. SW17 —1H 3
Carlton Av. S Croy —2H 17
Carlton Ct. SE20 —3A 6
Carlton Rd. S Croy —1G 17
Carlwell St. SW17 —1F 3
Carlyle Rd. Croy —4K 11
Carlys Clo. SE20 —4C 6
Carmichael Rd. SE25 —7K 5
Carnforth Rd. SW16 —2A 4
Carolina Rd. T Hth —4E 4
Caroline Clo. Croy —6H 11
Caroline Rd. SW19 —2A 2
Carrington Clo. Croy —2D 12
Carshalton Gro. Sutt —6E 8
Carshalton Pk. Rd. Cars —7G 9
Carshalton Pl. Cars —7H 9
Carshalton Rd. Bans —1G 21
Carshalton Rd. Mitc —6H 3
Carshalton Rd. Sutt & Cars —7D 8
Carter Clo. Wall —2A 16
Carter Rd. SW19 —1E 2
Cartmell Gdns. Mord —7D 2
Cascades. Croy —4E 18
Cassland Rd. T Hth —6G 5
Castle Clo. Brom —5K 7
Castledine Rd. SE20 —2A 6
Castle Hill Av. New Ad —3G 19
Castlemaine Av. S Croy —7J 11
Castle Rd. Coul —7F 21
Castleton. Cars —5E 14
Castleton Clo. Bans —2B 20
Castleton Clo. Croy —1D 12
Castleton Dri. Bans —1B 20
Castleton Rd. Mitc —6A 4
Caterham By-Pass. Cat —7A 24
Caterham Clo. Cat —7H 23
Caterham Dri. Coul —5E 22
Cator Clo. New Ad —5K 19
Cator Cres. New Ad —5K 19
Cator La. Beck —3E 6
Cator Rd. SE26 —1C 6
Cator Rd. Cars —7G 9
Causeway, The. Cars —4H 9
Causeway, The. Sutt —3D 14
Cavendish Rd. SW19 —2E 2
Cavendish Rd. Croy —3E 10
Cavendish Rd. Sutt —2D 14
Cavendish Way. W Wick —3G 13
Cawnpore St. SE19 —1H 5
Caxton Rd. SW19 —1D 2
Cayley Clo. Wall —2B 16
Cearn Way. Coul —2C 22
Cecil Pl. Mitc —7G 3
Cecil Rd. SW19 —2C 2
Cecil Rd. Croy —1C 10
Cecil Rd. Sutt —1A 14
Cedar Clo. Cars —1G 15
Cedar Clo. Warl —6D 24
Cedar Ct. Sutt —1D 14
Cedar Gdns. Sutt —1D 14
Cedarhurst. Brom —2K 7
Cedar Rd. Croy —4H 11
Cedar Rd. Sutt —1D 14
Cedars. Bans —1G 21
Cedars Av. Mitc —6H 3
Cedars Rd. Beck —4D 6
Cedars Rd. Croy —5B 10
Cedars Rd. Mord —6B 2
Cedars, The. Wall —6K 9
Cedarville Gdns. SW16 —1C 4
Cedar Wlk. Kenl —3F 23
Cedar Wlk. Tad —7A 20
Celtic Av. Brom —5K 7
Central Av. Wall —7B 10
Central Gdns. Mord —7C 2
Central Hill. SE19 —1G 5
Central Pde. SE20 —2C 6 (off High St. Penge,)
Central Pde. New Ad —4H 19
Central Pl. SE25 —7K 5
Central Rd. Mord —1B 8
Central Ter. Beck —5C 6
Central Way. Cars —2F 15
Centre Ct. SW19 —1A 2
Centre Ct. Shop. Cen. SW19 —1A 2
Centurion Ct. Hack —4J 9
Cerne Rd. Mord —1D 8
Chadwick Av. SW19 —1B 2
Chaffinch Av. Croy —1C 12
Chaffinch Bus. Pk. Beck —6C 6
Chaffinch Clo. Croy —7C 6
Chaffinch Rd. Beck —3D 6
Chalcot Clo. Sutt —2B 14
Chaldon Ct. SE19 —3G 5
Chaldon Way. Coul —4B 22
Chale Wlk. Sutt —3C 14
Chalfont Rd. SE25 —5J 5
Chalgrove Av. Mord —7B 2
Chalgrove Rd. Sutt —2E 14
Chalice Clo. Wall —1A 16
Chalkenden Clo. SE20 —2A 6
Chalkley Clo. Mitc —4G 3
Chalk Pit Rd. Bans —4B 20
Chalk Pit Way. Sutt —1D 14
Challin St. SE20 —3B 6
Chalmers Rd. Bans —2E 20
Chamberlain Cres. W Wick —3G 13
Champneys Clo. Sutt —2A 14
Chancellor Gdns. S Croy —3E 16

Chancery La. *Beck* —4G **7**
Chanctonbury Gdns. *Sutt* —2C **14**
Chandon Lodge. *Sutt* —2D **14**
Chantry Way. *Mitc* —5E **2**
Chapel Rd. *Warl* —5C **24**
Chapel View. *S Croy* —1B **18**
Chapel Wlk. *Croy* —4F **11**
Chapman Rd. *Croy* —3D **10**
Charing Ct. *Short* —4K **7**
Charles Rd. *SW19* —3B **2**
Charles St. *Croy* —5F **11**
Charlmont Rd. *SW17* —1F **3**
Charlotte Rd. *Wall* —1K **15**
Charlton Gdns. *Coul* —5K **21**
Charlwood. *Croy* —3E **18**
Charlwood Sq. *Mitc* —5E **2**
Charminster Av. *SW19* —4B **2**
Charnwood Av. *SW19* —4B **2**
Charnwood Rd. *SE25* —7G **5**
Charrington Rd. *Croy* —4F **11**
Chart Clo. *Brom* —3K **7**
Chart Clo. *Croy* —1B **12**
Chartham Rd. *SE25* —5A **6**
Chartwell Clo. *Croy* —3G **11**
Chartwell Gdns. *Sutt* —6A **8**
Chartwell Lodge. *Beck* —2F **7**
Chartwell Pl. *Sutt* —5A **8**
Chartwell Way. *SE20* —3A **6**
Chaseley Dri. *S Croy* —4G **17**
Chasemore Clo. *Mitc* —2G **9**
Chasemore Gdns. *Croy* —7D **10**
Chase, The. *SW16* —2C **4**
Chase, The. *Coul* —1A **22**
Chase, The. *Kgswd* —7D **20**
Chase, The. *Wall* —7C **10**
Chatfield Rd. *Croy* —3E **10**
Chatham Clo. *Sutt* —2A **8**
Chatsworth Av. *SW20* —3A **2**
Chatsworth Clo. *W Wick* —3K **13**
Chatsworth Pl. *Mitc* —5G **3**
Chatsworth Rd. *Croy* —6G **11**
Chaucer Gdns. *Sutt* —5B **8**
Chaucer Grn. *Croy* —2A **12**
*Chaucer Ho. Sutt —5B **8** (off Chaucer Gdns.)*
Chaucer Rd. *Sutt* —6B **8**
Chaucer Way. *SW19* —1E **2**
Cheam Mans. *Sutt* —2A **14**
Cheam Rd. *Sutt* —1A **14**
Cheam Village. (Junct.) —1A **14**
Chelmsford Clo. *Sutt* —3B **14**
Chelsea Gdns. *Sutt* —6A **8**
Chelsham Clo. *Warl* —5D **24**
Chelsham Comn. Rd. *Warl* —4F **25**
Chelsham Ct. Rd. *Warl* —5J **25**
Chelsham Rd. *S Croy* —2G **17**
Chelsham Rd. *Warl* —5E **24**
Chepstow Rise. *Croy* —5H **11**
Chepstow Rd. *Croy* —5H **11**
Cherry Clo. *Cars* —4G **9**
Cherry Clo. *Mord* —6A **2**
Cherry Hill Gdns. *Croy* —6C **10**
Cherry Orchard Gdns. *Croy* —3H **11**
Cherry Orchard Rd. *Croy* —4G **11**
Cherry Tree Ct. *Coul* —5C **22**
Cherry Tree Grn. *S Croy* —1A **24**
Cherry Tree Wlk. *Beck* —6E **6**
Cherry Tree Wlk. *W Wick* —6K **13**
Cherrywood La. *Mord* —6A **2**
Chertsey Clo. *Kenl* —2E **22**
Chertsey Cres. *New Ad* —4H **19**
Chertsey Dri. *Sutt* —4A **8**
Chesham Clo. *Sutt* —4A **14**
Chesham Cres. *SE20* —[illegible]D **6**
Chesham Rd. *SE20* —4B **6**
Chesham Rd. *SW19* —1E **2**
Cheshire Clo. *Mitc* —5B **4**
Cheshire Ho. *Mord* —2C **8**
Chesney Cres. *New Ad* —2H **19**
Chessington Way. *W Wick* —4G **13**
Chester Clo. *Sutt* —4B **8**
Chester Gdns. *Mord* —1D **8**
Chestnut Av. *W Wick* —7K **13**
Chestnut Clo. *Cars* —3G **9**
Chestnut Gro. *SE20* —2A **6**
Chestnut Gro. *Mitc* —7A **4**
Chestnut Gro. *S Croy* —2A **18**
Chestnut Ter. *Sutt* —6C **8**
Cheston Av. *Croy* —4D **12**
Chevening Rd. *SE19* —1G **5**
Cheviot Clo. *Bans* —2C **20**
Cheviot Clo. *Sutt* —3E **14**
Cheyham Way. *Sutt* —4A **14**
Cheyne Ct. *Bans* —2C **20**
Cheyne Wlk. *Croy* —4K **11**
Chichele Gdns. *Croy* —6H **11**
Chichester Dri. *Purl* —6C **16**
Chichester Rd. *Croy* —5H **11**
Chiddingstone Clo. *Sutt* —4B **14**
Child's La. *SE19* —1H **5**
Chillerton Rd. *SW17* —1H **3**
Chilmark Rd. *SW16* —4A **4**
Chiltern Clo. *Croy* —5H **11**
Chiltern Rd. *Sutt* —3C **14**
Chilterns, The. *Sutt* —3C **14**
Chiltons Clo. *Bans* —2C **20**
Chilworth Gdns. *Sutt* —5D **8**
Chingley Clo. *Brom* —1K **7**
Chipstead Av. *T Hth* —6E **4**
Chipstead Clo. *SE19* —2J **5**
Chipstead Clo. *Coul* —3H **21**
Chipstead Clo. *Sutt* —3C **14**
Chipstead Rd. *Bans* —4A **20**
Chipstead Valley Rd. *Coul* —3H **21**
Chipstead Way. *Bans* —3G **21**
Chisholm Rd. *Croy* —4H **11**
Chislet Clo. *Beck* —2F **7**
Chiswick Clo. *Croy* —5C **10**
Chive Clo. *Croy* —3C **12**
Christchurch Clo. *SW19* —2E **2**
Christchurch Pk. *Sutt* —2D **14**
Christchurch Rd. *SW19* —2E **2**
Christ Chu. Rd. *Beck* —4F **7**
Christchurch Rd. *Purl* —5E **16**
Christian Fields. *SW16* —2D **4**
Christie Dri. *Croy* —7K **5**
Chudleigh Gdns. *Sutt* —5D **8**
Church All. *Croy* —3D **10**
Church Av. *Beck* —3F **7**
Church Dri. *W Wick* —5K **13**
Church Farm La. *Sutt* —1A **14**
Churchfields Rd. *Beck* —4C **6**
Church Hill. *SW19* —1A **2**
Church Hill. *Cars* —7G **9**
Church Hill. *Purl* —4B **16**
Churchill Clo. *Warl* —4B **24**
Churchill Rd. *S Croy* —2F **17**
Church Hill Rd. *Sutt* —7A **8**
Church La. *SW17* —1G **3**
Church La. *SW19* —3B **2**
Church La. *Wall* —5A **10**
Church La. *Warl* —3G **25** (Chelsham)
Church La. *Warl* —4C **24** (Warlingham)
Churchmore Rd. *SW16* —3K **3**
Church Path. *SW19* —4A **2**
Church Path. *Coul* —5D **22**
Church Path. *Croy* —4F **11**
Church Path. *Mitc* —5F **3**
Church Pl. *Mitc* —5F **3**
Church Rd. *SE19* —3H **5**
Church Rd. *SW19 & Mitc* —3E **2**
Church Rd. *Croy* —5F **11** (in two parts)
Church Rd. *Kenl* —2G **23**
Church Rd. *Purl* —4B **16**
Church Rd. *Short* —5K **7**
Church Rd. *Wall* —5A **10**
Church Rd. *Warl* —4C **24**
Church Rd. *Whyt* —5J **23**
Church St. *Croy* —4E **10**
Church St. *Sutt* —7C **8**
Church Wlk. *SW16* —4K **3**
Church Way. *S Croy* —4J **17**
Cinnamon Clo. *Croy* —2D **10**
Cintra Pk. *SE19* —2J **5**
Circle Gdns. *SW19* —4B **2**
*City Ho. Wall —3H **9** (off Corbet Clo.)*
Claremont Clo. *S Croy* —2A **24**
Claremont Rd. *Croy* —3K **11**
Clarence Rd. *SW19* —1C **2**
Clarence Rd. *Croy* —2G **11**
Clarence Rd. *Sutt* —7C **8**
Clarence Rd. *Wall* —7J **9**
*Clarendon Ct. Beck —3G **7** (off Albemarle Rd.)*
Clarendon Gro. *Mitc* —5G **3**
Clarendon Rd. *SW19* —2F **3**
Clarendon Rd. *Croy* —4E **10**
Clarendon Rd. *Wall* —1K **15**
Claret Gdns. *SE25* —5H **5**
Clarice Way. *Wall* —3B **16**
Clay Av. *Mitc* —4J **3**
Claybourne M. *SE19* —2H **5**
Claydon Dri. *Croy* —6B **10**
Claygate Cres. *New Ad* —1H **19**
Claymore Clo. *Mord* —2B **8**
Cleave Prior. *Coul* —6F **21**
Cleaverholme Clo. *SE25* —1A **12**
Clement Clo. *Purl* —3E **22**
Clement Rd. *Beck* —4C **6**
Clensham Ct. *Sutt* —4B **8**
Clensham La. *Sutt* —4B **8**
Clevedon Rd. *SE20* —3C **6**
Cleveland Av. *SW20* —4A **2**
Cleves Cres. *New Ad* —5H **19**
Cliff End. *Purl* —6E **16**
Cliffe Rd. *S Croy* —7G **11**
*Cliffe Wlk. Sutt —7D **8** (off Greyhound Rd.)*
Clifford Av. *Wall* —6K **9**
Clifford Rd. *SE25* —6K **5**
Clifton Av. *Sutt* —5C **14**
Clifton Pl. *Bans* —2B **20**
Clifton Rd. *SE25* —6H **5**
Clifton Rd. *Coul* —2J **21**
Clifton Rd. *Wall* —7J **9**
Cliveden Rd. *SW19* —3A **2**
Clive Rd. *SW19* —1F **3**
Clockhouse Ct. *Beck* —4D **6**
Clock Ho. Rd. *Beck* —5D **6**
Cloister Gdns. *SE25* —1A **12**
Close, The. *SE25* —1K **11**
Close, The. *Beck* —6D **6**
Close, The. *Cars* —3F **15**
Close, The. *Mitc* —6G **3**
Close, The. *Purl* —4E **16** (Pampisford Rd.)
Close, The. *Purl* —4C **16** (Russell Hill)
Close, The. *Sutt* —2A **8**
Clouston Clo. *Wall* —7B **10**
Clovelly Av. *Warl* —6A **24**
Clovelly Gdns. *SE19* —3J **5**
Clover Way. *Wall* —3H **9**
Clowser Clo. *Sutt* —7D **8**
Clyde Av. *S Croy* —2A **24**
Clyde Rd. *Croy* —4J **11**
Clyde Rd. *Sutt* —7B **8**
Clyde Rd. *Wall* —1K **15**
Coach Ho. M. *SE20* —2A **6**
Cobblestone Pl. *Croy* —3F **11**
Cobden Rd. *SE25* —7K **5**
Cobham Clo. *Wall* —1B **16**
Cobham Ct. *Mitc* —4E **2**
Cochrane Rd. *SW19* —2A **2**
Cody Clo. *Wall* —2A **16**
Coe Av. *SE25* —1K **11**
Colburn Way. *Sutt* —5E **8**
Colby Rd. *SE19* —1H **5**
Colcokes Rd. *Bans* —3B **20**
Cold Blows. *Mitc* —5G **3**
Coldharbour La. *Purl* —4D **16**
Coldharbour Rd. *Croy* —7D **10**
Coldharbour Way. *Croy* —7D **10**
Colebrooke Rise. *Brom* —4K **7**
Colebrook Rd. *SW16* —3B **4**
Coleman Clo. *SE25* —4J **5**
Coleridge Av. *Sutt* —6F **9**
Coleridge Rd. *Croy* —2B **12**
Colesburg Rd. *Beck* —5E **6**
Colescroft Hill. *Purl* —2D **22**
Colin Clo. *Croy* —5E **12**
Colin Clo. *W Wick* —5K **13**
College Fields Bus. Cen. *SW19* —3E **2**
College Grn. *SE19* —2H **5**
College Rd. *SW19* —1E **2**
College Rd. *Croy* —4G **11**
Colliers Ct. *Croy* —6G **11**
Colliers Water La. *T Hth* —7D **4**
Colliers Wood. (Junct.) —2E **2**
Collingwood Clo. *SE20* —3A **6**
Collingwood Rd. *Mitc* —5F **3**
Collingwood Rd. *Sutt* —5B **8**
Collyer Av. *Croy* —6B **10**
Collyer Rd. *Bedd* —6B **10**
Colmer Rd. *SW16* —3B **4**
Colson Rd. *Croy* —4H **11**
Colston Av. *Cars* —6F **9**
*Colston Ct. Cars —6G **9** (off West St.)*
Columbine Av. *S Croy* —2E **16**
Colvin Rd. *T Hth* —7D **4**
Colwood Gdns. *SW19* —2E **2**
Colworth Rd. *Croy* —3K **11**
Combermere Rd. *Mord* —1C **8**
Commerce Way. *Croy* —4C **10**
Commonfield La. *SW17* —1F **3**
Commonfield Rd. *Bans* —1B **20**
Commonside Clo. *Coul* —7E **22**
Commonside Clo. *Sutt* —5C **14**
Commonside E. *Mitc* —5H **3**
Commonside W. *Mitc* —5G **3**
Comport Grn. *New Ad* —6K **19**
Compton Ct. *SE19* —1H **5**
Compton Ct. *Sutt* —6D **8**
Compton Rd. *SW19* —1A **2**
Compton Rd. *Croy* —3A **12**
Conduit La. *Croy* —7K **11**
Conduit La. *S Croy & Croy* —7K **11**
Coneybury Clo. *Warl* —6A **24**
Coney Hall Pde. *W Wick* —5K **13**
Coney Hill Rd. *W Wick* —4K **13**
Conifer Gdns. *Sutt* —4C **8**
Coningsby Rd. *S Croy* —3F **17**
Coniston Gdns. *Sutt* —1E **14**
Coniston Rd. *Brom* —1K **7**
Coniston Rd. *Coul* —3K **21**
Coniston Rd. *Croy* —2K **11**
Connaught Clo. *Sutt* —4E **8**
Connaught Gdns. *Mord* —6D **2**
Connaught Rd. *Sutt* —4E **8**
Constance Rd. *Croy* —2E **10**
Constance Rd. *Sutt* —6D **8**
Convent Clo. *Beck* —2H **7**
Convent Hill. *SE19* —1F **5**
Conway Dri. *Sutt* —1C **14**
Conway Gdns. *Mitc* —6B **4**
Conyer's Rd. *SW16* —1A **4**
Coombe Av. *Croy* —6H **11**
Coombe La. *Croy* —7A **12**
Coombe Rd. *Croy* —6G **11**
Coomber Way. *Croy* —2A **10**
Coombe Wlk. *Sutt* —5C **8**
Coombe Wood Hill. *Purl* —7F **17**
Cooper Cres. *Cars* —5G **9**
Cooper Rd. *Croy* —7D **10**
Cooper's Yd. *SE19* —1H **5**
Copeman Clo. *SE26* —1B **6**
Copers Cope Rd. *Beck* —2E **6**
Copley Pk. *SW16* —1C **4**
Copper Clo. *SE19* —2J **5**
Copperfield Clo. *S Croy* —5F **17**
Copperfields. *Beck* —3H **7**
Copping Clo. *Croy* —6H **11**
Coppins, The. *New Ad* —1G **19**
Copse Av. *W Wick* —5G **13**
Copse Hill. *Purl* —7B **16**
Copse Hill. *Sutt* —2C **14**
Copse View. *S Croy* —3C **18**
Copt Hill La. *Tad* —7A **20**
Copthorne Rise. *S Croy* —7G **17**
Corbet Clo. *Wall* —3H **9**
Corbett Clo. *Croy* —6J **19**
Cordrey Gdns. *Coul* —2B **22** (in two parts)
Corkscrew Hill. *W Wick* —4H **13**
Cornerstone Ho. *Croy* —2F **11**
Cornflower La. *Croy* —3C **12**
Cornish Gro. *SE20* —3A **6**
Cornwall Gdns. *SE25* —7J **5**
Cornwall Rd. *Croy* —4E **10**
Cornwall Rd. *Sutt* —2A **14**
Corrib Dri. *Sutt* —7F **9**
Corrigan Av. *Coul* —2H **21**
Corsehill St. *SW16* —1K **3**
Cosdach Av. *Wall* —2A **16**
Cosedge Cres. *Croy* —7D **10**
Cotelands. *Croy* —5H **11**
Cotford Rd. *T Hth* —6F **5**
Cotswold Rd. *Sutt* —4C **14**
Cottingham Rd. *SE20* —2C **6**
Cottongrass Clo. *Croy* —3C **12**
Coulsdon Ct. Rd. *Coul* —3C **22**
Coulsdon La. *Coul* —6H **21**
Coulsdon Rise. *Coul* —4B **22**
Coulsdon Rd. *Coul & Cat* —2C **22**
Coulthurst Ct. *SW16* —2B **4**
County Rd. *T Hth* —4E **4**
Court Av. *Coul* —5D **22**
Court Bushes Rd. *Whyt* —6K **23**
Court Clo. *Wall* —2A **16**
Court Downs Rd. *Beck* —4G **7**
Court Dri. *Croy* —6C **10**
Court Dri. *Sutt* —6F **9**
Courtenay Av. *Sutt* —3B **14**
Courtenay Dri. *Beck* —4J **7**
Courtenay Rd. *SE20* —1C **6**
Court Farm Rd. *Warl* —5K **23**
Courtfield Rise. *W Wick* —5J **13**
Court Haw. *Bans* —2F **21**
Court Hill. *Coul* —5F **21**
Court Hill. *S Croy* —6H **17**
Courthope Vs. *SW19* —2A **2**
Courtland Av. *SW16* —2C **4**
Courtlands Av. *Brom* —3K **13**
Courtlands Clo. *S Croy* —4J **17**
Courtlands Cres. *Bans* —3B **20**
Courtney Clo. *SE19* —1H **5**
Courtney Cres. *Cars* —2G **15**
Courtney Pl. *Croy* —5D **10**
Courtney Rd. *SW19* —2F **3**
Courtney Rd. *Croy* —5D **10**
Court Rd. *SE25* —4J **5**
Court Rd. *Bans* —3B **20**
Court, The. *Warl* —5D **24**
Court Wood La. *Croy* —5E **18**
Coventry Hall. *SW16* —1B **4**
Coventry Rd. *SE25* —6K **5**
Coverack Clo. *Croy* —2D **12**
Coverdale Gdns. *Croy* —5J **11**
*Covert, The. SE19 —2J **5** (off Fox Hill)*
Covington Gdns. *SW16* —2E **4**
Covington Way. *SW16* —1C **4** (in two parts)
Cowdrey Rd. *SW19* —1C **2**
Cowley Clo. *S Croy* —3B **18**
Cowper Av. *Sutt* —6E **8**
Cowper Gdns. *Wall* —1K **15**
Cowper Rd. *SW19* —1D **2**
Coxley Rise. *Purl* —7F **17**
Coxwell Rd. *SE19* —2H **5**
Crab Hill. *Beck* —2J **7**
Crabtree Wlk. *Croy* —3K **11**
Craigen Av. *Croy* —3A **12**
Craignish Av. *SW16* —4C **4**
Crampton Rd. *SE20* —1B **6**
Cranbourne Clo. *SW16* —5B **4**
Cranbrook Rd. *T Hth* —4F **5**
Cranfield Rd. E. *Cars* —3H **15**
Cranfield Rd. W. *Cars* —3H **15**
Cranford Clo. *Purl* —7F **17**
Cranleigh Clo. *SE20* —3A **6**
Cranleigh Clo. *S Croy* —6K **17**
Cranleigh Gdns. *SE25* —5H **5**
Cranleigh Gdns. *S Croy* —6K **17**
Cranleigh Gdns. *Sutt* —4C **8**
Cranleigh Rd. *SW19* —5B **2**
Cranley Gdns. *Wall* —2K **15**
Cranmer Clo. *Warl* —4D **24**
Cranmer Farm Clo. *Mitc* —6G **3**
Cranmer Gdns. *Warl* —4D **24**
Cranmer Rd. *Croy* —5E **10**
Cranmer Rd. *Mitc* —6G **3**
Craven Gdns. *SW19* —1B **2**
Craven Rd. *Croy* —3A **12**
Credenhill St. *SW16* —1K **3**
Crescent Gro. *Mitc* —7F **3**
Crescent Rd. *Beck* —4G **7**
Crescent, The. *Beck* —3F **7**
Crescent, The. *Belm* —5B **14**
Crescent, The. *Croy* —1G **11**
Crescent, The. *Sutt* —7E **8**
Crescent, The. *W Wick* —1K **13**
Crescent Way. *SW16* —1C **4**
Cressingham Gro. *Sutt* —6D **8**
Cresswell Rd. *SE25* —6K **5**
Crest Rd. *Brom* —2K **13**
Crest Rd. *S Croy* —2A **18**
Crewe's Av. *Warl* —3B **24**
Crewe's Clo. *Warl* —4B **24**
Crewe's Farm La. *Warl* —4C **24**
Crewe's La. *Warl* —3B **24**
Crichton Av. *Wall* —7A **10**
Crichton Rd. *Cars* —2G **15**
Cricketers Ter. *Cars* —5F **9**
Cricket Grn. *Mitc* —5G **3**
Cricket La. *Beck* —1D **6**
Crispin Clo. *Croy* —4B **10**
Crispin Cres. *Croy* —5A **10**
Crocus Clo. *Croy* —3C **12**
Croft Av. *W Wick* —3H **13**
Crofters Mead. *Croy* —3E **18**
Croftleigh Av. *Purl* —3E **22**
Croft Rd. *SW16* —3D **4**
Croft Rd. *SW19* —2D **2**
Croft Rd. *Sutt* —7F **9**
Croftside, The. *SE25* —5K **5**
Croham Clo. *S Croy* —2H **17**
Croham Mnr. Rd. *S Croy* —2H **17**
Croham Mt. *S Croy* —2H **17**
Croham Pk. Av. *S Croy* —7J **11**
Croham Rd. *S Croy* —7H **11**
Croham Valley Rd. *S Croy* —1K **17**
Croindene Rd. *SW16* —3B **4**
Cromer Rd. *SE25* —5A **6**
Cromer Rd. *SW17* —1H **3**
Cromwell Gro. *Cat* —7F **23**
Cromwell Rd. *SW19* —1B **2**
Cromwell Rd. *Beck* —4D **6**
Cromwell Rd. *Cat* —7F **23**
Cromwell Rd. *Croy* —2G **11**
Crossland Rd. *T Hth* —1E **10**
Cross Rd. *SW19* —2B **2**
Cross Rd. *Belm* —4B **14**

Cross Rd. *Croy* —3G **11**
Cross Rd. *Purl* —7E **16**
Cross Rd. *Sutt* —7E **8**
Crossways. *S Croy* —2D **18**
Crossways. *Sutt* —3E **14**
Crossways Rd. *Beck* —6F **7**
Crossways Rd. *Mitc* —5J **3**
Crossways, The. *Coul* —6D **22**
Crouch Clo. *Beck* —1F **7**
Crowborough Clo. *Warl* —5D **24**
Crowborough Dri. *Warl* —5D **24**
Crowborough Rd. *SW17* —1H **3**
Crowbourne Ct. Sutt —6C 8
(off St Nicholas Way)
Crowland Rd. *T Hth* —6G **5**
Crowland Wlk. *Mord* —1C **8**
Crowley Cres. *Croy* —7D **10**
Crownbourne Ct. *Sutt* —6C **8**
Crown Dale. *SE19* —1E **4**
Crown Hill. *Croy* —4F **11**
Crown La. *SW16* —1D **4**
Crown La. *Mord* —6B **2**
Crown La. Gdns. *SW16* —1D **4**
Crown Pde. *SE19* —1E **4**
Crown Rd. *Mord* —6C **2**
Crown Rd. *Sutt* —6C **8**
Crowther Rd. *SE25* —6K **5**
Croxden Wlk. *Mord* —1D **8**
Croydon Flyover, The. *Croy* —5F **11**
Croydon Gro. *Croy* —3E **10**
Croydon La. *Bans* —1D **20**
Croydon La. S. *Bans* —1D **20**
Croydon Rd. *SE20* —4A **6**
Croydon Rd. *Beck* —6C **6**
Croydon Rd. *Cat* —7A **24**
Croydon Rd. *Mitc & Bedd* —6H **3**
Croydon Rd. *Wall & Croy* —6J **9**
Croydon Rd. *W Wick & Brom* —5K **13**
Croydon Rd. Ind. Est. *Beck* —6C **6**
Crozier Dri. *S Croy* —4A **18**
Crunden Rd. *S Croy* —2G **17**
Crusader Gdns. *Croy* —5H **11**
Crusoe Rd. *Mitc* —2G **3**
Crystal Pal. Pde. *SE19* —1J **5**
Crystal Pal. Pk. Rd. *SE26* —1A **6**
Crystal Pal. Sta. Rd. *SE19* —1K **5**
Crystal Ter. *SE19* —1G **5**
Cubitt St. *Croy* —7C **10**
Cuddington Pk. Clo. *Bans* —7A **14**
Cuddington Way. *Sutt* —5A **14**
Cudham Clo. *Belm* —4B **14**
Cudham Dri. *New Ad* —4H **19**
Cullesden Rd. *Kenl* —2E **22**
Culmington Rd. *S Croy* —3F **17**
Culvers Av. *Cars* —4G **9**
Culvers Retreat. *Cars* —4G **9**
Culvers Way. *Cars* —4G **9**
Cumberland Rd. *SE25* —1A **12**
Cumberland Rd. *Brom* —6K **7**
Cumberlands. *Kenl* —2G **23**
Cumberlow Av. *SE25* —5J **5**
Cumnor Rise. *Kenl* —4F **23**
Cumnor Rd. *Sutt* —1D **14**
Cunliffe St. *SW16* —1K **3**
Cunningham Clo. *W Wick* —4G **13**
Cunningham Rd. *Bans* —2E **20**
Curlew Clo. *S Croy* —5C **18**
Curling Clo. *Coul* —7C **22**
Curran Av. *Wall* —5H **9**
Curzon Rd. *T Hth* —1D **10**
Cuthbert Gdns. *SE25* —5H **5**
Cuthbert Rd. *Croy* —4E **10**
Cypress Rd. *SE25* —4H **5**

Dacre Rd. *Croy* —2B **10**
Daffodil Clo. *Croy* —3C **12**
Dagmar Rd. *SE25* —7H **5**
Dagnall Pk. *SE25* —1G **11**
Dagnall Rd. *SE25* —7H **5**
Dahlia Gdns. *Mitc* —6A **4**
Dahomey Rd. *SW16* —1K **3**
Daimler Way. *Wall* —2B **16**
Dairy Clo. *T Hth* —4F **5**
Daisy Clo. *Croy* —3C **12**
Dalegarth Gdns. *Purl* —7G **17**
Dale Pk. Av. *Cars* —4G **9**
Dale Pk. Rd. *SE19* —3G **5**
Dale Rd. *Purl* —6D **16**
Dale Rd. *Sutt* —6A **8**
Dallas Rd. *Sutt* —1A **14**
Dalmally Rd. *Croy* —2J **11**
Dalmeny Av. *SW16* —4D **4**
Dalmeny Rd. *Cars* —2H **15**
Dalton Av. *Mitc* —4F **3**
Dalton Clo. *Purl* —6F **17**
Danbrook Rd. *SW16* —3B **4**
Danbury M. *Wall* —6J **9**
Danebury. *New Ad* —1G **19**
Danecourt Gdns. *Croy* —5J **11**
Dane Rd. *SW19* —3D **2**
Dane Rd. *Warl* —4C **24**
Danescourt Cres. *Sutt* —4D **8**
Daniel Clo. *SW17* —1F **3**
Daniell Way. *Croy* —3B **10**
Daniels La. *Warl* —3E **24**
Daniel Way. *Bans* —1C **20**
Darcy Av. *Wall* —6K **9**
Darcy Clo. *Coul* —6E **22**
Darcy Rd. *SW16* —4B **4**
Dargate Clo. *SE19* —2J **5**
Darley Clo. *Croy* —1D **12**
Darley Gdns. *Mord* —1D **8**
Darmaine Clo. *S Croy* —2F **17**
Dartnell Rd. *Croy* —2J **11**
Davenant Rd. *Croy* —6E **10**
Davidson Rd. *Croy* —2H **11**
Davies Clo. *Croy* —1K **11**
Daybrook Rd. *SW19* —4C **2**
Days Acre. *S Croy* —4J **17**
Deacon Clo. *Purl* —3B **16**
Deal Rd. *SW17* —1H **3**
Deanfield Gdns. *Croy* —6G **11**
Dean Rd. *Croy* —6G **11**
Deans Clo. *Croy* —5J **11**
Deans Rd. *Sutt* —5C **8**
Dean's Wlk. *Coul* —5D **22**
Dearn Gdns. *Mitc* —5F **3**
De Burgh Pk. *Bans* —2C **20**
De Burgh Rd. *SW19* —2D **2**
Decimus Clo. *T Hth* —6G **5**
Deepdene Av. *Croy* —5J **11**
Deepfield Way. *Coul* —3B **22**
Deerhurst Rd. *SW16* —1C **4**
Deer Pk. Gdns. *Mitc* —6E **2**
Deer Pk. Rd. *SW19* —4C **2**
Deer Pk. Way. *W Wick* —4K **13**
Defiant Way. *Wall* —2B **16**
Defoe Clo. *SW17* —1F **3**
De Havilland Rd. *Wall* —2B **16**
Delamare Cres. *Croy* —1B **12**
Dell Clo. *Wall* —6A **10**
Dellfield Clo. *Beck* —3H **7**
Dell, The. *SE19* —3J **5**
Delmey Clo. *Croy* —5J **11**
Demesne Rd. *Wall* —6A **10**
Denbigh Clo. *Sutt* —7A **8**
Den Clo. *Beck* —5J **7**
Denefield Dri. *Kenl* —2G **23**
Dene, The. *Croy* —6C **12**
Dene, The. *Sutt* —5A **14**
Denham Cres. *Mitc* —6G **3**
Denison Rd. *SW19* —1E **2**
Denmark Ct. *Mord* —1B **8**
Denmark Gdns. *Cars* —5G **9**
Denmark Path. *SE25* —7A **6**
Denmark Rd. *SE25* —7K **5**
Denmark Rd. *Cars* —5G **9**
Denmead Rd. *Croy* —3E **10**
Denmore Ct. *Wall* —7J **9**
Dennett Rd. *Croy* —3D **10**
Denning Av. *Croy* —6D **10**
Dennis Ho. *Sutt* —6C **8**
Dennis Reeve Clo. *Mitc* —3G **3**
Den Rd. *Brom* —5J **7**
Densole Clo. *Beck* —3D **6**
Derby Rd. *SW19* —2B **2**
Derby Rd. *Croy* —3E **10**
Derby Rd. *Sutt* —1A **14**
Derek Av. *Wall* —6J **9**
Dering Pl. *Croy* —6F **11**
Dering Rd. *Croy* —6F **11**
Deroy Clo. *Cars* —1G **15**
Derrick Av. *S Croy* —4F **17**
Derrick Rd. *Beck* —5E **6**
Derry Rd. *Croy* —5B **10**
Derwent Dri. *Purl* —7G **17**
Derwent Ho. SE20 —4A 6
(off Derwent Rd.)
Derwent Rd. *SE20* —4K **5**
Derwent Wlk. *Wall* —2J **15**
Devana End. *Cars* —5G **9**
Devon Clo. *Kenl* —3H **23**
Devon Rd. *Sutt* —3A **14**
Devonshire Av. *Sutt* —2D **14**
Devonshire Ho. *Sutt* —2D **14**
Devonshire Rd. *SW19* —2F **3**
Devonshire Rd. *Cars* —6H **9**
Devonshire Rd. *Croy* —2G **11**
Devonshire Rd. *Sutt* —2D **14**
Devonshire Way. *Croy* —4D **12**
Dibdin Clo. *Sutt* —5B **8**
Dibdin Rd. *Sutt* —5B **8**
Diceland Rd. *Bans* —3A **20**
Dickensons La. *SE25* —7K **5**
Dickensons Pl. *SE25* —1K **11**
Digby Pl. *Croy* —5J **11**
Dingwall Av. *Croy* —4F **11**
Dingwall Rd. *Cars* —3G **15**
Dingwall Rd. *Croy* —3G **11**
Dinsdale Gdns. *SE25* —7H **5**
Dinton Rd. *SW19* —1E **2**
Ditches La. *Coul & Cat* —7B **22**
Dittoncroft Clo. *Croy* —6H **11**
Ditton Pl. *SE20* —3A **6**
Dixon Pl. *W Wick* —3G **13**
Dixon Rd. *SE25* —5H **5**
Doble Ct. *S Croy* —6K **17**
Doel Clo. *SW19* —2D **2**
Doghurst La. *Coul* —7G **21**
Dominion Rd. *Croy* —2J **11**
Donald Rd. *Croy* —2C **10**
Donne Pl. *Mitc* —6J **3**
Donnybrook Rd. *SW16* —2K **3**
Doral Way. *Cars* —7G **9**
Dorchester Rd. *Mord* —2C **8**
Dore Gdns. *Mord* —2C **8**
Doric Dri. *Tad* —7A **20**
Dorin Ct. *Warl* —7A **24**
Dornford Gdns. *Coul* —6F **23**
Dornton Rd. *S Croy* —1G **17**
Dorothy Pettingell Ho. Sutt
(off Angel Hill) —5C 8
Dorrington Ct. *SE19* —4H **5**
Dorryn Ct. *SE26* —1C **6**
Dorset Gdns. *Mitc* —6C **4**
Dorset Rd. *SW19* —3B **2**
Dorset Rd. *Beck* —5C **6**
Dorset Rd. *Mitc* —4F **3**
Dorset Rd. *Sutt* —4B **14**
Douglas Clo. *Wall* —1B **16**
Douglas Dri. *Croy* —5F **13**
Douglas Robinson Ct. *SW16* —2B **4**
Douglas Sq. *Mord* —1B **8**
Dove Clo. *S Croy* —5C **18**
Dovedale Rise. *Mitc* —2G **3**
Dovercourt Av. *T Hth* —7D **4**
Dovercourt La. *Sutt* —5D **8**
Dover Gdns. *Cars* —5G **9**
Dover Rd. *SE19* —1G **5**
Doveton Rd. *S Croy* —7G **11**
Dower Av. *Wall* —3J **15**
Dowman Clo. *SW19* —3C **2**
Downe Rd. *Mitc* —4G **3**
Downlands Clo. *Coul* —1J **21**
Downlands Rd. *Purl* —7B **16**
Downsbridge Rd. *Beck* —3J **7**
Downs Ct. Rd. *Purl* —6E **16**
Downs Hill. *Beck* —2J **7**
Downside Clo. *SW19* —1D **2**
Downside Rd. *Sutt* —1E **14**
Downs Rd. *Beck* —4G **7**
Downs Rd. *Coul* —5A **22**
Downs Rd. *Purl* —5E **16**
Downs Rd. *Sutt* —4C **14**
Downs Rd. *T Hth* —3F **5**
Downs Side. *Sutt* —5A **14**
Downsview Gdns. *SE19* —2E **4**
Downsview Rd. *SE19* —2F **5**
Downsway. *S Croy* —5H **17**
Downsway. *Whyt* —3J **23**
Downsway, The. *Sutt* —3D **14**
Doyle Rd. *SE25* —6K **5**
Dragmire La. *Mitc* —6E **2**
Drake Rd. *Croy* —2C **10**
Drake Rd. *Mitc* —1H **9**
Drakewood Rd. *SW16* —2A **4**
Draxmont App. *SW19* —1A **2**
Drayton Rd. *Croy* —4E **10**
Driftway, The. *Mitc* —3H **3**
Driftwood Dri. *Kenl* —4F **23**
Drive Mead. *Coul* —1B **22**
Drive Rd. *Coul* —7A **22**
Drive Spur. *Tad* —7C **20**
Drive, The. *SW16* —5C **4**
Drive, The. *Bans* —3A **20**
Drive, The. *Beck* —3F **7**
Drive, The. *Coul* —1B **22**
Drive, The. *Mord* —7E **2**
Drive, The. *Sutt* —5B **14**
Drive, The. *T Hth* —6G **5**
Drive, The. *Wall* —3A **16**
Drive, The. *W Wick* —2J **13**
Drovers Rd. *S Croy* —7G **11**
Druids Way. *Brom* —6J **7**
Drummond Cen. *Croy* —4F **11**
Drummond Pl. *Croy* —4F **11**
Drummond Rd. *Croy* —4F **11**
Drury Cres. *Croy* —4D **10**
Dryden Rd. *SW19* —1D **2**
Dudley Dri. *Mord* —2A **8**
Dudley Rd. *SW19* —1B **2**
Duke of Edinburgh Rd. *Sutt* —4E **8**
Dukes Hill. *Wold* —7D **24**
Duke St. *Sutt* —6E **8**
Dukes Way. *W Wick* —5K **13**
Dulverton Rd. *S Croy* —4B **18**
Dulwich Wood Rd. *SE19* —1J **5**
Dunbar Av. *SW16* —4D **4**
Dunbar Av. *Beck* —6D **6**
Duncan Rd. *Tad* —6A **20**
Dundee Rd. *SE25* —7A **6**
Dundonald Rd. *SW19* —2A **2**
Dunheved Clo. *T Hth* —1D **10**
Dunheved Rd. N. *T Hth* —1D **10**
Dunheved Rd. S. *T Hth* —1D **10**
Dunheved Rd. W. *T Hth* —1D **10**
Dunkeld Rd. *SE25* —6G **5**
Dunley Dri. *New Ad* —2G **19**
Dunmail Dri. *Purl* —1H **23**
Dunnimans Rd. *Bans* —2A **20**
Dunnymans Rd. *Bans* —2A **20**
Dunsbury Clo. *Sutt* —3C **14**
Dunsfold Rise. *Coul* —7A **16**
Dunsfold Way. *New Ad* —3G **19**
Dunstan Rd. *Coul* —4A **22**
Duppas Av. *Croy* —6E **10**
Duppas Hill La. *Croy* —6E **10**
Duppas Hill Rd. *Croy* —6D **10**
Duppas Hill Ter. *Croy* —5E **10**
Duppas Rd. *Croy* —5D **10**
Duraden Clo. *Beck* —2G **7**
Durand Clo. *Cars* —3G **9**
Durban Rd. *Beck* —4E **6**
Durham Av. *Brom* —6K **7**
Durham Ho. *Brom* —6K **7**
Durham Rd. *Brom* —5K **7**
Durning Rd. *SE19* —1G **5**
Dykes Way. *Brom* —5K **7**

Eagle Clo. *Wall* —1B **16**
Eagle Hill. *SE19* —1G **5**
Eardley Rd. *SW16* —1K **3**
Earlswood Av. *T Hth* —7D **4**
Easby Cres. *Mord* —1C **8**
East Av. *Wall* —7C **10**
Eastbourne Rd. *SW17* —1H **3**
East Dri. *Cars* —3F **15**
Eastfields Rd. *Mitc* —4H **3**
East Gdns. *SW17* —1F **3**
Eastgate. *Bans* —1A **20**
East Hill. *S Croy* —4H **17**
Eastleigh Clo. *Sutt* —2C **14**
Eastney Rd. *Croy* —3E **10**
East Rd. *SW19* —1D **2**
East Way. *Croy* —4D **12**
Eastway. *Wall* —6K **9**
Eastwell Clo. *Beck* —2D **6**
Eastwood St. *SW16* —1K **3**
Eaton Rd. *Sutt* —1D **14**
Ebenezer Wlk. *SW16* —3K **3**
Ecclesbourne Rd. *T Hth* —7F **5**
Eddystone. *Cars* —5E **14**
Edencourt Rd. *SW16* —1J **3**
Eden Pk. Av. *Beck* —6D **6**
Eden Rd. *Beck* —6D **6**
Eden Rd. *Croy* —6G **11**
Edenvale Clo. *Mitc* —2H **3**
Edenvale Rd. *Mitc* —2H **3**
Eden Way. *Beck* —7E **6**
Eden Way. *Warl* —5D **24**
Ederline Av. *SW16* —5C **4**
Edgar Rd. *S Croy* —3G **17**
Edgecoombe. *S Croy* —2B **18**
Edgehill Rd. *Mitc* —3J **3**
Edgehill Rd. *Purl* —4E **16**
Edgepoint Clo. *SE27* —1E **4**
Edgewood Grn. *Croy* —3C **12**
Edgeworth Clo. *Whyt* —5K **23**
Edgington Rd. *SW16* —1A **4**
Edinburgh Rd. *Sutt* —4D **8**
Edith Gdns. *SE25* —7G **5**
Edith Rd. *SW19* —1C **2**
Edmund Rd. *Mitc* —5F **3**
Edridge Rd. *Croy* —5F **11**
Edward Av. *Mord* —7E **2**
Edward Rd. *SE20* —1C **6**
Edward Rd. *Coul* —2A **22**
Edward Rd. *Croy* —2H **11**
Edwin Pl. *Croy* —3H **11**
Effingham Clo. *Sutt* —2C **14**
Effingham Rd. *Croy* —2C **10**
Effra Rd. *SW19* —1C **2**
Egerton Rd. *SE25* —5H **5**
Egleston Rd. *Mord* —1C **8**
Eglise Rd. *Warl* —4D **24**
Egmont Rd. *Sutt* —2D **14**
Egmont Way. *Tad* —6A **20**
Eighteenth Rd. *Mitc* —6B **4**
Eileen Rd. *SE25* —7G **5**
Eindhoven Clo. *Cars* —3H **9**
Eland Pl. *Croy* —5E **10**
Eland Rd. *Croy* —5E **10**
Elberon Av. *Croy* —1K **9**
Elborough Rd. *SE25* —7K **5**
Elder Oak Clo. *SE20* —3A **6**
Elder Oak Ct. *SE20* —3K **5**
Elder Rd. *SE27* —1F **5**
Elderslie Clo. *Beck* —1G **13**
Eldertree Pl. *Mitc* —3K **3**
Eldertree Way. *Mitc* —3K **3**
Elderwood Pl. *SE27* —1F **5**
Eldon Av. *Croy* —4B **12**
Eldon Pk. *SE25* —6A **6**
Eldon Rd. *Cat* —7G **23**
Eleanora Ter. Sutt —7D 8
(off Lind Rd.)
Elgar Av. *SW16* —5B **4**
Elgin Rd. *Croy* —4J **11**
Elgin Rd. *Sutt* —5D **8**
Elgin Rd. *Wall* —1K **15**
Elizabeth Ct. *Whyt* —5J **23**
Elizabeth Way. *SE19* —2G **5**
Ellenbridge Way. *S Croy* —3H **17**
Ellery Rd. *SE19* —2G **5**
Ellesmere Av. *Beck* —4H **7**
Ellesmere Dri. *S Croy* —1A **24**
Elliott Rd. *T Hth* —6E **4**
Ellis Clo. *Coul* —7C **22**
Ellison Rd. *SW16* —2A **4**
Ellis Rd. *Coul* —7C **22**
Ellis Rd. *Mitc* —1G **9**
Ellora Rd. *SW16* —1A **4**
Elmbrook Rd. *Sutt* —6A **8**
Elm Clo. *Cars* —3G **9**
Elm Clo. *S Croy* —1H **17**
Elm Clo. *Warl* —4C **24**
Elm Cotts. *Mitc* —4G **3**
Elmdene Clo. *Beck* —1E **12**
Elmers End Rd. *SE20 & Beck* —4B **6**
Elmerside Rd. *Beck* —6D **6**
Elmers Rd. *SE25* —2K **11**
Elmfield Av. *Mitc* —3H **3**
Elmfield Way. *S Croy* —3J **17**
Elm Gdns. *Mitc* —6A **4**
Elm Gro. *Sutt* —6C **8**
Elm Gro. Pde. *Wall* —5H **9**
Elmgrove Rd. *Croy* —2A **12**
Elmhurst Av. *Mitc* —2J **3**
Elmhurst Lodge. *Sutt* —2D **14**
Elmore Rd. *Coul* —7G **21**
Elm Pk. Gdns. *S Croy* —4B **18**
Elm Pk. Rd. *SE25* —5J **5**
Elm Rd. *Beck* —4E **6**
Elm Rd. *Purl* —7E **16**
Elm Rd. *T Hth* —6G **5**
Elm Rd. *Wall* —3H **9**
Elm Rd. *Warl* —4C **24**
Elm Rd. W. *Sutt* —2A **8**
Elmside. *New Ad* —1G **19**
Elmsleigh Ct. *Sutt* —5C **8**
Elmwood Clo. *Wall* —4J **9**
Elmwood Rd. *Croy* —2E **10**
Elmwood Rd. *Mitc* —5G **3**
Elphinstone Ct. *SW16* —1B **4**
Elsa Ct. *Beck* —3E **6**
Elsrick Av. *Mord* —7B **2**
Elstan Way. *Croy* —2D **12**
Elstree Hill. *Brom* —2K **7**
Elton Rd. *Purl* —6K **15**
Elvino Rd. *SE26* —1D **6**
Elwill Way. *Beck* —6H **7**
Ely Rd. *Croy* —7G **5**
Elystan Clo. *Wall* —2K **15**
Embassy Ct. *Wall* —1J **15**
Embassy Gdns. *Beck* —3E **6**
Emerald Ct. *Coul* —2A **22**
Ena Rd. *SW16* —5B **4**
Endale Clo. *Cars* —4G **9**
Endeavour Way. *Croy* —2B **10**
Endsleigh Clo. *S Croy* —4B **18**
Engadine Clo. *Croy* —5J **11**
Englefield Clo. *Croy* —1F **11**
Enmore Av. *SE25* —7K **5**
Enmore Rd. *SE25* —7K **5**
Ennerdale Clo. *Sutt* —6A **8**
Ensign Clo. *Purl* —4D **16**

Enterprise Cen., The. *Beck* —1D **6**
Enterprise Clo. *Croy* —3D **10**
Epsom Rd. *Croy* —6D **10**
Epsom Rd. *Sutt & Mord* —2A **8**
Eresby Dri. *Beck* —3F **13**
Erica Gdns. *Croy* —5G **13**
Erin Clo. *Brom* —2K **7**
Ernest Clo. *Beck* —7F **7**
Ernest Gro. *Beck* —7E **6**
Erridge Rd. *SW19* —4B **2**
Erskine Clo. *Sutt* —5F **9**
Erskine Rd. *Sutt* —6E **8**
Esam Way. *SW16* —1D **4**
Esher M. *Mitc* —5H **3**
Eskdale Gdns. *Purl* —1G **23**
Eskmont Ridge. *SE19* —2H **5**
Essenden Rd. *S Croy* —2H **17**
Essex Gro. *SE19* —1G **5**
Estcourt Rd. *SE25* —1A **12**
Estreham Rd. *SW16* —1A **4**
Euston Rd. *Croy* —3D **10**
Evelina Rd. *SE20* —2B **6**
Eveline Rd. *Mitc* —3G **3**
Evelyn Rd. *SW19* —1C **2**
Evelyn Way. *Wall* —6A **10**
Evening Hill. *Beck* —2H **7**
Eversley Rd. *SE19* —2G **5**
Eversley Way. *Croy* —5F **13**
Everton Rd. *Croy* —3K **11**
Evesham Clo. *Sutt* —2B **14**
Evesham Grn. *Mord* —1C **8**
Evesham Rd. *Mord* —1C **8**
Ewhurst Av. *S Croy* —3J **17**
Exeter Rd. *Croy* —2H **11**
Eyebright Clo. *Croy* —3C **12**

Factory La. *Croy* —3D **10**
Factory Sq. *SW16* —1B **4**
Fair Acres. *Croy* —3E **18**
Fairbairn Clo. *Purl* —7D **16**
Fairchildes Av. *New Ad* —6J **19**
Fairchildes Rd. *Warl* —1J **25**
Fairdene Rd. *Coul* —5A **22**
Fairfield Clo. *Mitc* —2F **3**
Fairfield Path. *Croy* —5G **11**
Fairfield Rd. *Beck* —4F **7**
Fairfield Rd. *Croy* —5G **11**
Fairfield Way. *Coul* —1A **22**
Fairford Av. *Croy* —7C **6**
Fairford Clo. *Croy* —7D **6**
Fairford Ct. *Sutt* —2C **14**
Fairgreen Rd. *T Hth* —7E **4**
Fairhaven Av. *Croy* —1C **12**
Fairholme Rd. *Croy* —2D **10**
Fairholme Rd. *Sutt* —1A **14**
Fairlands Av. *Sutt* —4B **8**
Fairlands Av. *T Hth* —6C **4**
Fairlawn Gro. *Bans* —7E **14**
Fairlawn Rd. *SW19* —2A **2**
Fairlawn Rd. *Bans* —5D **14**
(in three parts)
Fairlawns. *Wall* —7J **9**
Fairline Ct. *Beck* —4H **7**
Fairmead Rd. *Croy* —2C **10**
Fairmile Av. *SW16* —1A **4**
Fairoak Clo. *Kenl* —2E **22**
Fairview Rd. *SW16* —3C **4**
Fairview Rd. *Sutt* —7F **9**
Fairway. *Cars* —5D **14**
Fairway Clo. *Croy* —7D **6**
Fairway Gdns. *Beck* —1J **13**
Fairways. *Kenl* —4F **23**
Falconwood Rd. *Croy* —3E **18**
Falcourt Clo. *Sutt* —7C **8**
Falkland Pk. Av. *SE25* —5H **5**
Fallsbrook Rd. *SW16* —1J **3**
Famet Av. *Purl* —7F **17**
Famet Clo. *Purl* —7F **17**
Famet Gdns. *Kenl* —7F **17**
Famet Wlk. *Purl* —7F **17**
Faraday Rd. *SW19* —1B **2**
Faraday Way. *Croy* —3C **10**
Farewell Pl. *Mitc* —3F **3**
Farleigh Ct. Rd. *Warl* —1E **24**
Farleigh Dean Cres. *New Ad* —5G **19**
Farleigh Rd. *Warl* —5C **24**
Farley Pl. *SE25* —6K **5**
Farley Rd. *S Croy* —2K **17**
Farm Clo. *Coul* —7G **21**
Farm Clo. *Sutt* —2E **14**
Farm Clo. *Wall* —4K **15**
Farm Clo. *W Wick* —5K **13**
Farmdale Rd. *Cars* —2F **15**
Farm Dri. *Croy* —4E **12**
Farm Dri. *Purl* —5A **16**
Farmfield Rd. *Brom* —1K **7**
Farm Fields. *S Croy* —5H **17**
Farmhouse Rd. *SW16* —2K **3**
Farmington Av. *Sutt* —5E **8**
Farm La. *Croy* —4E **12**
Farm La. *Purl* —4K **15**
Farm M. *Mitc* —4J **3**
Farm Rd. *Mord* —7C **2**
Farm Rd. *Sutt* —2E **14**
Farm Rd. *Warl* —6D **24**
Farnaby Rd. *Brom* —2J **7**
Farnan Rd. *SW16* —1B **4**
Farnborough Av. *S Croy* —3C **18**
Farnborough Cres. *S Croy* —3D **18**
Farnham Ct. *Sutt* —1A **14**
Farningham Ct. *SW16* —2A **4**
Farnley Rd. *SE25* —6G **5**
Farquhar Rd. *SE19* —1J **5**
Farquharson Rd. *Croy* —3F **11**
Farrer's Pl. *Croy* —6C **12**
Faversham Rd. *Beck* —4E **6**
Faversham Rd. *Mord* —1C **8**
Fawcett Rd. *Croy* —5F **11**
Featherbed La. *Croy & Warl* —2E **18**
Felbridge Clo. *Sutt* —3C **14**
Fellowes Rd. *Cars* —5F **9**
Fell Rd. *Croy* —5F **11**
Felmingham Rd. *SE20* —4B **6**
Feltham Rd. *Mitc* —4H **3**
Fennel Clo. *Croy* —3C **12**
Fenwick Pl. *S Croy* —2E **16**
Ferguson Clo. *Brom* —5J **7**
Fern Av. *Mitc* —6A **4**
Fern Clo. *Warl* —5D **24**
Ferndale Rd. *SE25* —7A **6**
Ferndale Rd. *Bans* —3A **20**
Ferndown Clo. *Sutt* —1E **14**
Fernham Rd. *T Hth* —5F **5**
Fernhurst Rd. *Croy* —3A **12**
Fernlea Rd. *Mitc* —4H **3**
Fernleigh Clo. *Croy* —6D **10**
Ferns Clo. *S Croy* —4A **18**
Fernthorpe Rd. *SW16* —1K **3**
Fernwood. *Croy* —3D **18**
Ferrers Av. *Wall* —6A **10**
Ferrers Rd. *SW16* —1A **4**
Ferris Av. *Croy* —5E **12**
Festival Wlk. *Cars* —7G **9**
Fiddicroft Av. *Bans* —1C **20**
Field Clo. *S Croy* —1A **24**
Field End. *Coul* —1A **22**
Fieldend Rd. *SW16* —3K **3**
Fieldgate La. *Mitc* —4F **3**
Fieldhouse Vs. *Bans* —2F **21**
Fieldsend Rd. *Sutt* —7A **8**
Fieldside Rd. *Brom* —1J **7**
Field Way. *New Ad* —2G **19**
Figges Rd. *Mitc* —2H **3**
Filey Clo. *Sutt* —2D **14**
Finborough Rd. *SW17* —1G **3**
Firefly Clo. *Wall* —2B **16**
Fire Sta. M. *Beck* —3G **7**
Fir Rd. *Sutt* —3A **8**
Firsby Av. *Croy* —3C **12**
Firs Clo. *Mitc* —3J **3**
Firs Rd. *Kenl* —2E **22**
Firtree Av. *Mitc* —4H **3**
Firtree Gdns. *Croy* —6F **13**
Fir Tree Gro. *Cars* —2G **15**
Fisher Clo. *Croy* —3J **11**
Fitzjames Av. *Croy* —4K **11**
Fitzroy Gdns. *SE19* —2H **5**
Fiveacre Clo. *T Hth* —1D **10**
Fiveways Corner. (Junct.) —6D **10**
Flag Clo. *Croy* —3C **12**
Flanders Cres. *SW17* —2G **3**
Flaxley Rd. *Mord* —2C **8**
Flaxmore Pl. *Beck* —1J **13**
Fleetwood Clo. *Croy* —5J **11**
Fleming Ct. *Croy* —7D **10**
Fleming Mead. *Mitc* —2G **3**
Flimwell Clo. *Brom* —1K **7**
Flint Clo. *Bans* —1C **20**
Flora Gdns. *Croy* —5H **19**
Florence Av. *Mord* —7D **2**
Florence Rd. *SW19* —1C **2**
Florence Rd. *Beck* —4D **6**
Florence Rd. *S Croy* —3G **17**
Florian Av. *Sutt* —6E **8**
Florida Rd. *T Hth* —3E **4**
Follyfield Rd. *Bans* —1B **20**
Fontaine Rd. *SW16* —2C **4**
Fonthill Clo. *SE20* —4K **5**
Ford Clo. *T Hth* —7E **4**
Forestdale Cen., The. *Croy* —2E **18**
Forest Dene Ct. *Sutt* —1D **14**
Forest Dri. *Kgswd* —7B **20**
Foresters Clo. *Wall* —2A **16**
Foresters Dri. *Wall* —2A **16**
Forest Ridge. *Beck* —5F **7**
Forest Rd. *Sutt* —3B **8**
Forge Av. *Coul* —7D **22**
Forge Steading. *Bans* —2C **20**
Forrest Gdns. *SW16* —5C **4**
Forster Rd. *Beck* —5D **6**
Forsyte Cres. *SE19* —3H **5**
Forsythe Shades Ct. *Beck* —3H **7**
Fortescue Rd. *SW19* —2E **2**
Forth Dri. *Coul* —3A **22**
Forval Clo. *Mitc* —7G **3**
Foss Av. *Croy* —7D **10**
Foulsham Rd. *T Hth* —5G **5**
Founders Gdns. *SE19* —2F **5**
Fountain Dri. *Cars* —2G **15**
Fountain Rd. *T Hth* —4F **5**
Four Seasons Cres. *Sutt* —4A **8**
Fourth Dri. *Coul* —3A **22**
Fowler Rd. *Mitc* —4H **3**
Foxcombe. *New Ad* —1G **19**
(in two parts)
Foxearth Rd. *S Croy* —4A **18**
Foxearth Spur. *S Croy* —3B **18**
Foxes Dale. *Brom* —5J **7**
Foxglove Gdns. *Purl* —5B **16**
Foxglove Way. *Wall* —3J **9**
Foxgrove Av. *Beck* —2G **7**
Foxgrove Rd. *Beck* —2G **7**
Fox Hill. *SE19* —2J **5**
Fox Hill Gdns. *SE19* —2J **5**
Fox La. *Cat* —7E **22**
Foxleas Ct. *Brom* —2K **7**
Foxley Ct. *Sutt* —2D **14**
Foxley Gdns. *Purl* —7E **16**
Foxley Hall. *Purl* —7D **16**
Foxley Hill Rd. *Purl* —6D **16**
Foxley La. *Purl* —5K **15**
Foxley Rd. *Kenl* —1E **22**
Foxley Rd. *T Hth* —6E **4**
Foxon La. *Cat* —7G **23**
Foxon La. Gdns. *Cat* —7H **23**
Fox's Path. *Mitc* —4F **3**
Foxton Gro. *Mitc* —4E **2**
Framfield Rd. *Mitc* —2H **3**
Frampton Clo. *Sutt* —2B **14**
Francis Gro. *SW19* —1A **2**
(in two parts)
Francis Rd. *Croy* —2E **10**
Francis Rd. *Wall* —1K **15**
Franklin Cres. *Mitc* —6K **3**
Franklin Rd. *SE20* —2B **6**
Franklin Way. *Croy* —2B **10**
Frant Clo. *SE20* —2B **6**
Frant Rd. *T Hth* —7E **4**
Frederick Clo. *Sutt* —6A **8**
Frederick Gdns. *Sutt* —7A **8**
Frederick Rd. *Sutt* —7A **8**
Freedown La. *Sutt* —7C **14**
Freelands Av. *S Croy* —3C **18**
Freeman Rd. *Mord* —7E **2**
Freemasons Rd. *Croy* —3H **11**
Freethorpe Clo. *SE19* —3H **5**
French Apartments, The. *Purl* —6D **16**
Frensham Dri. *New Ad* —2H **19**
Frensham Rd. *Kenl* —1E **22**
Freshfields. *Croy* —3E **12**
Freshwater Clo. *SW17* —1H **3**
Freshwater Rd. *SW17* —1H **3**
Freshwood Clo. *Beck* —3G **7**
Freshwood Way. *Wall* —3J **15**
Friarswood. *Croy* —3D **18**
Friday Rd. *Mitc* —2G **3**
Friends Rd. *Croy* —5G **11**
Friends Rd. *Purl* —6E **16**
Frimley Av. *Wall* —7C **10**
Frimley Clo. *New Ad* —2H **19**
Frimley Cres. *New Ad* —2H **19**
Frimley Gdns. *Mitc* —5F **3**
Frinton Rd. *SW17* —1H **3**
Frith Rd. *Croy* —4F **11**
Frobisher Clo. *Kenl* —4F **23**
Frylands Ct. *New Ad* —5H **19**
Fryston Av. *Coul* —1J **21**
Fryston Av. *Croy* —4K **11**
Fuller's Wood. *Croy* —6F **13**
Fullerton Rd. *Cars* —3F **15**
Fullerton Rd. *Croy* —2J **11**
Furlong Clo. *Wall* —3J **9**
Furneaux Av. *SE27* —1E **4**
Furness Rd. *Mord* —1C **8**
Furtherfield Clo. *Croy* —1D **10**
Furzedown Dri. *SW17* —1J **3**
Furzedown Rd. *Sutt* —5D **14**
Furze Gro. *Tad* —7A **20**
Furze Hill. *Kgswd* —7A **20**
Furze Hill. *Purl* —5B **16**
Furze La. *Purl* —5B **16**
Furze Rd. *T Hth* —5F **5**
Fyfield Clo. *Brom* —6J **7**

Gables, The. *Bans* —4A **20**
Gainsborough Clo. *Beck* —2F **7**
Gainsborough Dri. *S Croy* —7K **17**
Gale Clo. *Mitc* —5E **2**
Gale Cres. *Bans* —4B **20**
Gallop, The. *S Croy* —2A **18**
Gallop, The. *Sutt* —3E **14**
Galloway Path. *Croy* —6G **11**
Galpin's Rd. *T Hth* —7B **4**
Galvani Way. *Croy* —3C **10**
Gander Grn. La. *Sutt* —4A **8**
Garden Av. *Mitc* —2J **3**
Garden Clo. *Bans* —2B **20**
Garden Clo. *Wall* —7B **10**
Garden Ct. *Croy* —5J **11**
Gardeners Rd. *Croy* —3E **10**
Gardenfields. *Tad* —6A **20**
Garden Rd. *SE20* —3B **6**
Gardens, The. *Beck* —4J **7**
Garden Wlk. *Beck* —3E **6**
Gardiner Ct. *S Croy* —1F **17**
Gardner Ind. Est. *Beck* —1D **6**
Garendon Gdns. *Mord* —2C **8**
Garendon Rd. *Mord* —2C **8**
Garfield Rd. *SW19* —1D **2**
Garnet Rd. *T Hth* —6F **5**
Garrard Rd. *Bans* —3B **20**
Garratt Clo. *Croy* —6B **10**
Garratts La. *Bans* —3A **20**
Garrick Cres. *Croy* —4H **11**
Garston Gdns. *Kenl* —2G **23**
Garston La. *Kenl* —1G **23**
Gascoigne Rd. *New Ad* —4H **19**
Gassiot Way. *Sutt* —5E **8**
Gaston Rd. *Mitc* —5H **3**
Gatcombe Ct. *Beck* —2F **7**
Gates Grn. Rd. *W Wick* —5K **13**
Gatestone Rd. *SE19* —1H **5**
Gateways Ct. *Wall* —7J **9**
Gatton Clo. *Sutt* —3C **14**
Gauntlet Cres. *Kenl* —7G **23**
Gauntlett Rd. *Sutt* —7E **8**
Gavina Clo. *Mord* —7F **3**
Gaynesford Rd. *Cars* —2G **15**
Geneva Rd. *T Hth* —7F **5**
Genoa Rd. *SE20* —3B **6**
George Gro. Rd. *SE20* —3K **5**
George Sq. *SW19* —5B **2**
George St. *Croy* —4F **11**
Georgia Rd. *T Hth* —3E **4**
Gerrards Mead. *Bans* —3A **20**
Gibbs Av. *SE19* —1G **5**
Gibbs Clo. *SE19* —1G **5**
Gibbs Sq. *SE19* —1G **5**
Gibson Ho. *Sutt* —6B **8**
Gibson Rd. *Sutt* —7C **8**
Gibsons Hill. *SW16* —2D **4**
Gidd Hill. *Coul* —3H **21**
Gilbert Clo. SW19 —*3C* **2**
(off High Path)
Gilbert Rd. *SW19* —2D **2**
Gilbert Way. *Croy* —5C **4**
Gillett Rd. *T Hth* —6G **5**
Gilliam Gro. *Purl* —4D **16**
Gillian Pk. Rd. *Sutt* —3A **8**
Gilpin Clo. *Mitc* —4F **3**
Gilsland Rd. *T Hth* —6G **5**
Gipsy Hill. *SE19* —1H **5**
Girton Gdns. *Croy* —5F **13**
Gisbourne Clo. *Wall* —5A **10**
Glade Gdns. *Croy* —2D **12**
Gladeside. *Croy* —1C **12**
Gladeside Ct. *Warl* —7A **24**
Glade Spur. *Tad* —7C **20**
Glade, The. *Coul* —5E **22**
Glade, The. *Croy* —2D **12**
Glade, The. *Sutt* —3A **14**
Glade, The. *Tad* —7C **20**
Glade, The. *W Wick* —5G **13**
Gladstone M. *SE20* —2B **6**
Gladstone Rd. *SW19* —2B **2**
Gladstone Rd. *Croy* —2G **11**
Glamorgan Clo. *Mitc* —5B **4**
Glanfield Rd. *Beck* —6E **6**
Glasford St. *SW17* —1G **3**
Glastonbury Rd. *Mord* —2B **8**
Glebe Av. *Mitc* —4F **3**
Glebe Clo. *S Croy* —5J **17**
Glebe Ct. *Mitc* —5G **3**
Glebe Hyrst. *S Croy* —6J **17**
Glebe Path. *Mitc* —5G **3**
Glebe Rd. *Cars* —1G **15**
Glebe Rd. *Sutt* —2A **14**
Glebe Rd. *Warl* —4C **24**
Glebe Sq. *Mitc* —5G **3**
Glebe Way. *S Croy* —6J **17**
Glebe Way. *W Wick* —4H **13**
Glena Mt. *Sutt* —6D **8**
Glenavon Lodge. *Beck* —2F **7**
Glenbow Rd. *Brom* —1K **7**
Glencairn Rd. *SW16* —3B **4**
Glendale Dri. *SW19* —1A **2**
Glendale M. *Beck* —3G **7**
Glendale Rise. *Kenl* —2E **22**
Gleneagle Rd. *SW16* —1A **4**
Glenfield Rd. *Bans* —2C **20**
Glen Gdns. *Croy* —5D **10**
Glenhurst. *Beck* —3H **7**
Glenhurst Rise. *SE19* —2F **5**
Glenister Pk. Rd. *SW16* —2A **4**
Glenmore Lodge. *Beck* —3G **7**
Glenn Av. *Purl* —5E **16**
Glen Rd. End. *Wall* —3J **15**
Glen, The. *Brom* —4K **7**
Glen, The. *Croy* —5C **12**
Glenthorne Av. *Croy* —3B **12**
Glenthorne Clo. *Sutt* —3B **8**
Glenthorne Gdns. *Sutt* —3B **8**
Glenwood Way. *Croy* —1C **12**
Glossop Rd. *S Croy* —3G **17**
Gloucester Ct. *Mitc* —7B **4**
Gloucester Gdns. *Sutt* —4C **8**
Gloucester Rd. *Croy* —2G **11**
Glyn Clo. *SE25* —4H **5**
Glyndale Grange. *Sutt* —1C **14**
Goat Ho. Bri. *SE25* —5K **5**
Goat Rd. *Mitc* —2H **9**
Godalming Av. *Wall* —7B **10**
Goddard Rd. *Beck* —6C **6**
Godolphin Clo. *Sutt* —5A **14**
Godric Cres. *New Ad* —4J **19**
Godson Rd. *Croy* —5D **10**
Godstone Mt. *Purl* —6E **16**
Godstone Rd. *Purl & Whyt* —6E **16**
Godstone Rd. *Sutt* —6D **8**
Goidel Clo. *Wall* —6A **10**
Goldcliff Clo. *Mord* —2B **8**
Goldcrest Way. *New Ad* —3J **19**
Goldcrest Way. *Purl* —4A **16**
Golden M. *SE20* —3B **6**
Goldfinch Rd. *S Croy* —4C **18**
Goldwell Rd. *T Hth* —6C **4**
Golf Clo. *T Hth* —3D **4**
Golf Rd. *Kenl* —5G **23**
Golf Side. *Sutt* —5A **14**
Goliath Clo. *Wall* —2B **16**
Gomshall Av. *Wall* —7B **10**
Gomshall Gdns. *Kenl* —2H **23**
Gonville Rd. *T Hth* —7C **4**
Goodenough Clo. *Coul* —7D **22**
Goodenough Rd. *SW19* —2A **2**
Goodenough Way. *Coul* —7C **22**
Goodhart Way. *W Wick* —2K **13**
Goodhew Rd. *Croy* —1K **11**
Goodwin Clo. *Mitc* —5E **2**
Goodwin Ct. *SW19* —2F **3**
Goodwin Gdns. *Croy* —1E **16**
Goodwin Rd. *Croy* —7E **10**
Goodwood Clo. *Mord* —6B **2**
Goodwood Pde. *Beck* —6D **6**
Goossens Clo. *Sutt* —7D **8**
Gordon Av. *S Croy* —4F **17**
Gordon Cres. *Croy* —3H **11**
Gordon Rd. *Beck* —5E **6**
Gordon Rd. *Cars* —1G **15**
Gordon Rd. *Cat* —7G **23**
Gorringe Pk. Av. *Mitc* —2G **3**
Gorse Rise. *SW17* —1H **3**
Gorse Rd. *Croy* —6F **13**
Goston Gdns. *T Hth* —5D **4**
Goulding Gdns. *T Hth* —4F **5**
Gowland Pl. *Beck* —4E **6**
Gracedale Rd. *SW16* —1J **3**
Grace Rd. *Croy* —1F **11**
Grafton Rd. *Croy* —3D **10**
Graham Av. *Mitc* —3H **3**
Graham Clo. *Croy* —4F **13**
Graham Rd. *SW19* —2A **2**
Graham Rd. *Mitc* —3H **3**
Graham Rd. *Purl* —7D **16**
Granden Rd. *SW16* —4B **4**
Grange Av. *SE25* —4H **5**
Grangecliffe Gdns. *SE25* —4H **5**
Grange Ct. *Sutt* —2C **14**

Grange Gdns. SE25 —4H 5
Grange Gdns. Bans —7C 14
Grange Hill. SE25 —4H 5
Grange Meadow. Bans —7C 14
Grange Pk. Rd. T Hth —6G 5
Grange Rd. SE25 & SE19 —5G 5
Grange Rd. S Croy —4F 17
Grange Rd. Sutt —2B 14
Grange Rd. T Hth —6G 5
Grange, The. Croy —4E 12
Grange Vale. Sutt —2C 14
Grangewood La. Beck —1E 6
Grangewood Ter. SE25 —4G 5
Granton Rd. SW16 —3K 3
Grant Pl. Croy —3J 11
Grant Rd. Croy —3J 11
Granville Clo. Croy —4H 11
Granville Gdns. SW16 —2C 4
Granville Rd. SW19 —2B 2
Grasmere Av. SW19 —5B 2
Grasmere Ct. Sutt —1D 14
Grasmere Rd. SE25 —7A 6
Grasmere Rd. Brom —3K 7
Grasmere Rd. Purl —5E 16
Grassfield Clo. Coul —6J 21
Grassmount. Purl —4K 15
Grass Way. Wall —6K 9
Gravel Hill. Croy —1C 18
Gravenel Gdns. SW17 —1F 3 (off Nutwell St.)
Graveney Gro. SE20 —2B 6
Grayscroft Rd. SW16 —2A 4
Gt. Ellshams. Bans —3B 20
Gt. Woodcote Dri. Purl —4A 16
Gt. Woodcote Pk. Purl —4A 16
Grecian Cres. SE19 —1E 4
Greenacre Pl. Hack —4J 9
Green Acres. Croy —5J 11
Green Clo. Brom —5K 7
Green Clo. Cars —4G 9
Greencourt Av. Croy —4A 12
Greencourt Gdns. Croy —4A 12
Green Curve. Bans —1A 20
Greenfield Link. Coul —2B 22
Greenfield Rd. Sutt —6C 8
Greenhayes Av. Bans —1B 20
Greenhayes Gdns. Bans —2B 20
Greenhill. Sutt —4D 8
Greenhill Av. Cat —7A 24
Green Hill La. Warl —4D 24
Green La. SE20 —2C 6
Green La. SW16 & T Hth —2C 4
Green La. Mord —1B 8
Green La. Purl —5K 15
Green La. Warl —3D 24
Green La. Gdns. T Hth —4F 5
Green Leaf Av. Wall —6A 10
Greenlea Trad. Pk. SW19 —3E 2
Greenmead Clo. SE25 —7K 5
Greenock Rd. SW16 —3A 4
Greenside Rd. Croy —2D 10
Green, The. Cars —6H 9
Green, The. Croy —3E 18
Green, The. Sutt —5C 8
Green, The. Warl —5C 24
Greenview Av. Beck —1D 12
Greenview Av. Croy —1D 12
Green Way. Wall —6K 9
Greenway Gdns. Croy —5E 12
Greenways. Beck —5F 7
Greenwood Bus. Cen. Croy —2J 11
Greenwood Rd. Croy —2E 10
Greenwood Rd. Mitc —5A 4
Green Wrythe Cres. Cars —3F 9
Green Wrythe La. Cars —1E 8
Gregory Clo. Brom —6K 7
Grenaby Av. Croy —2G 11
Grenaby Rd. Croy —2G 11
Grenfell Rd. Mitc —1G 3
Grennell Clo. Sutt —4E 8
Grennell Rd. Sutt —4D 8
Grenville Rd. New Ad —3H 19
Gresham Av. Warl —5D 24
Gresham Rd. SE25 —6K 5
Gresham Rd. Beck —4D 6
Greville Av. S Croy —4C 18
Greycot Rd. Beck —1F 7
Greyfields Clo. Purl —7E 16
Greyhound La. SW16 —1A 4
Greyhound Rd. Sutt —7D 8
Greyhound Ter. SW16 —3K 3
Greystone Clo. S Croy —5B 18
Greyswood St. SW16 —1J 3
Griffiths Rd. SW19 —2B 2
Grimwade Av. Croy —5K 11
Grindall Clo. Croy —6E 10
Grindley Gdns. Croy —1J 11
Grisedale Clo. Purl —1H 23
Grisedale Gdns. Purl —1H 23
Grosvenor Av. Cars —1G 15
Grosvenor Gdns. Wall —2K 15
Grosvenor Rd. SE25 —6K 5
Grosvenor Rd. Wall —1J 15
Grosvenor Rd. W Wick —3G 13
Grove Av. Sutt —1B 14
Grove Farm Ind. Est. Mitc —7G 3
Grovehill Ct. Brom —1K 7
Groveland Av. SW16 —2C 4
Groveland Rd. Beck —5E 6
Grovelands Rd. Purl —6B 16
Grove La. Coul —7H 15
Grove Rd. SW19 —2D 2
Grove Rd. Mitc —5H 3
Grove Rd. Sutt —1B 14
Grove Rd. T Hth —6D 4
Groveside Clo. Cars —4F 9
Grove, The. Coul —2A 22
Grove, The. W Wick —4H 13
Grove Wood Hill. Coul —1K 21
Guildersfield Rd. SW16 —2B 4
Guildford Rd. Croy —1G 11
Guildford Way. Wall —7B 10
Guinness Ct. Croy —4J 11
Gull Clo. Wall —2B 16
Gunderson Corner. Mitc —5G 3
Gunnell Clo. Croy —1J 11
Gunton Rd. SW17 —1H 3
Gurney Cres. Croy —3C 10
Gurney Rd. Cars —6H 9
Guyatt Gdns. Mitc —4H 3
Guy Rd. Wall —5A 10
Gwydor Rd. Beck —5C 6
Gwynne Av. Croy —2C 12

Haccombe Rd. SW19 —1D 2
Hackbridge Grn. Wall —4H 9
Hackbridge Pk. Cars —4G 9
Hackbridge Pk. Gdns. Cars —4G 9
Hackbridge Rd. Wall —4H 9
Hackington Cres. Beck —1F 7
Haddon Rd. Sutt —6C 8
Hadleigh Clo. SW20 —4A 2
Hadleigh Dri. Sutt —3B 14
Hadley Rd. Mitc —6A 4
Hadley Wood Rise. Kenl —2E 22
Hadlow Pl. SE19 —2K 5
Hadrian Clo. Wall —2B 16
Hadrian Ct. Sutt —2C 14
Haig Pl. Mord —1B 8
Hailes Clo. SW19 —1D 2
Hailsham Rd. SW17 —1H 3
Haines Wlk. Mord —2C 8
Halesowen Rd. Mord —2C 8
Haling Down Pas. Purl —4E 16
Haling Gro. S Croy —2F 17
Haling Pk. Gdns. S Croy —1E 16
Haling Pk. Rd. S Croy —7E 10
Haling Rd. S Croy —1G 17
Hallmead Rd. Sutt —5C 8
Hallowell Av. Croy —6B 10
Hallowell Clo. Mitc —5H 3
Hallowfield Way. Mitc —5E 2
Hall Rd. Wall —3J 15
Hall Way. Purl —7E 16
Halstead Clo. Croy —5F 11
Hambledon Gdns. SE25 —5J 5
Hamblehyrst. Beck —4G 7
Hambrook Rd. SE25 —5A 6
Hambro Rd. SW16 —1A 4
Hamilton Av. Sutt —4A 8
Hamilton Clo. Purl —6E 16
Hamilton M. SW19 —3B 2
Hamilton Rd. SW19 —2C 2
Hamilton Rd. T Hth —5G 5
Hamilton Rd. M. SW19 —2C 2
Hamilton Way. Wall —3A 16
Hamlet Rd. SE19 —2J 5
Hamlyn Gdns. SE19 —2H 5
Hammond Av. Mitc —4J 3
Hamond Clo. S Croy —3E 16
Hampden Av. Beck —4D 6
Hampden Rd. Beck —4D 6
Hampton Rd. Croy —1F 11
Hamsey Grn. Gdns. Warl —3A 24
Hamsey Way. S Croy —2A 24
Ham View. Croy —1D 12
Hancock Rd. SE19 —1G 5
Handcroft Rd. Croy —2E 10
Hanley Pl. Beck —2F 7
Hannah Clo. Beck —5H 7
Hannah M. Wall —2K 15
Hannibal Way. Croy —7C 10
Hanover Clo. Sutt —6A 8
Hanover Rd. SW19 —2D 2
Hanover St. Croy —5E 10
Hanson Clo. Beck —1G 7
Harbledown Rd. S Croy —5K 17
Harbourfield Rd. Bans —2C 20
Harbury Rd. Cars —3F 15
Harcourt Av. Wall —6J 9
Harcourt Field. Wall —6J 9
Harcourt Lodge. Wall —6J 9
Harcourt Rd. SW19 —2B 2
Harcourt Rd. T Hth —1C 10
Harcourt Rd. Wall —6J 9
Hardcastle Clo. Croy —1K 11
Hardcourts Clo. W Wick —5G 13
Harding Clo. Croy —5J 11
Hardings La. SE20 —1C 6
Hardy Rd. SW19 —2C 2
Harefield Rd. SW16 —2C 4
Hares Bank. New Ad —4J 19
Harewood Gdns. S Croy —2A 24
Harewood Rd. SW19 —1F 3
Harewood Rd. S Croy —1H 17
Harland Av. Croy —5K 11
Harland Clo. SW19 —5C 2
Harman Pl. Purl —5E 16
Harmony Clo. Wall —3B 16
Harold Rd. SE19 —2G 5
Harold Rd. Sutt —6E 8
Harriet Gdns. Croy —4K 11
Harrington Clo. Croy —4B 10
Harrington Rd. SE25 —6A 6
Harrisons Rise. Croy —5E 10
Harrow Gdns. Warl —2E 24
Harrow Rd. Cars —1F 15
Harrow Rd. Warl —2E 24
Hartfield Cres. SW19 —2A 2
Hartfield Gro. SE20 —3A 6
Hartfield Rd. SW19 —2A 2
Hartland Rd. Mord —2B 8
Hartland Way. Croy —5D 12
Hartland Way. Mord —2A 8
Hartley Down. Purl —2C 22
Hartley Farm. Purl —2C 22
Hartley Hill. Purl —2C 22
Hartley Old Rd. Purl —2C 22
Hartley Rd. Croy —2F 11
Hartley Way. Purl —2C 22
Harts Croft. Croy —3D 18
Harwood Av. Mitc —5F 3
Haslam Av. Sutt —3A 8
Haslemere Av. Mitc —4E 2
Haslemere Clo. Wall —7B 10
Haslemere Rd. T Hth —7E 4
Hassocks Rd. SW16 —3A 4
Hastings Rd. Croy —3J 11
Hatch La. Coul —2H 21
Hatch Rd. SW16 —4B 4
Hatfield Clo. Mitc —6E 2
Hatfield Clo. Sutt —3C 14
Hatfield Mead. Mord —7B 2
Hathaway Rd. Croy —2E 10
Hatherleigh Clo. Mord —6B 2
Hatton Gdns. Mitc —7G 3
Hatton Rd. Croy —3D 10
Havelock Rd. Croy —4J 11
Haven Ct. Beck —4H 7
Havisham Pl. SW16 & SE19 —1E 4
Hawes La. W Wick —3H 13
Hawker Clo. Wall —2B 16
Hawke Rd. SE19 —1G 5
Hawkes Rd. Mitc —3F 3
Hawkhirst Rd. Kenl —2G 23
Hawkhurst Rd. SW16 —3A 4
Hawkhurst Rd. Kenl —4H 23
Hawkhurst Way. W Wick —4G 13
Hawksbrook La. Beck —1G 13
Hawkshead Clo. Brom —2K 7
Hawthorn Clo. Bans —1A 20
Hawthorn Cres. SW17 —1H 3
Hawthorn Cres. S Croy —5B 18
Hawthorn Dri. W Wick —6K 13
Hawthorne Av. Cars —2H 15
Hawthorne Av. Mitc —4E 2
Hawthorne Av. T Hth —3E 4
Hawthorne Clo. Sutt —4D 8
Hawthorn Gro. SE20 —3A 6
Hawthorn Rd. Sutt —1F 15
Hawthorn Rd. Wall —2J 15
Haycroft Clo. Coul —5E 22
Haydn Av. Purl —1D 22
Haydons Rd. SW19 —1D 2
Hayes Chase. W Wick —1J 13
Hayes Hill. Brom —3K 13
Hayes Hill Rd. Brom —3K 13
Hayes La. Beck —5H 7
Hayes La. Kenl —3E 22
Hayes Mead Rd. Brom —3K 13
Hayes Way. Beck —6H 7
Hayne Rd. Beck —4E 6
Haynes La. SE19 —1H 5
Haynt Wlk. SW20 —5A 2
Haysleigh Gdns. SE20 —4K 5
Hayward Clo. SW19 —2C 2
Hazel Bank. SE25 —4H 5
Hazelbury Clo. SW19 —4B 2
Hazel Clo. Croy —2C 12
Hazel Clo. Mitc —6A 4
Hazeldene Ct. Kenl —2G 23
Hazelhurst. Beck —3J 7
Hazel Way. Coul —6G 21
Hazelwood Av. Mord —6C 2
Hazelwood Gro. S Croy —7A 18
Hazelwood Houses. Short —5K 7
Hazelwood La. Coul —5F 21
Hazledean Rd. Croy —4G 11
Headcorn Pl. T Hth —6C 4
Headcorn Rd. T Hth —6C 4
Headley Av. Wall —7C 10
Headley Dri. New Ad —2G 19
Heath Clo. Bans —1C 20
Heathdene Rd. SW16 —2C 4
Heathdene Rd. Wall —2J 15
Heath Dri. Sutt —3D 14
Heatherdene Clo. Mitc —6E 2
Heather Gdns. Sutt —1B 14
Heatherset Gdns. SW16 —2C 4
Heather Way. S Croy —3C 18
Heathfield Ct. SE20 —2B 6
Heathfield Dri. Mitc —3F 3
Heathfield Gdns. Croy —6G 11
Heathfield Rd. Croy —6G 11
Heathfield Vale. S Croy —3C 18
Heath Gro. SE20 —2B 6
Heathhurst Rd. S Croy —3G 17
Heath Rd. T Hth —5F 5
Heathview Rd. T Hth —6D 4
Heathway. Croy —4E 12
Heaton Rd. Mitc —2H 3
Heighton Gdns. Croy —7E 10
Heights, The. Beck —2H 7 (in two parts)
Helder St. S Croy —1G 17
Helena Clo. Wall —2C 16
Helme Clo. SW19 —1A 2
Helmsdale Rd. SW16 —3A 4
Hempshaw Av. Bans —3G 21
Henderson Rd. Croy —1G 11
Heneage Cres. New Ad —4H 19
Henfield Rd. SW19 —3A 2
Hengelo Gdns. Mitc —6E 2
Hengist Way. Brom —6K 7
Henry Hatch Wlk. Sutt —2D 14
Hepburn Gdns. Brom —3K 13
Hepworth Rd. SW16 —2B 4
Heracles Clo. Wall —2B 16
Herald Gdns. Wall —4J 9
Herbert Rd. SW19 —2A 2 (in two parts)
Hereford Ct. Sutt —2B 14
Hereward Av. Purl —5D 16
Hermes Way. Wall —2A 16
Hermitage Gdns. SE19 —2F 5
Hermitage Grn. SW16 —3B 4
Hermitage La. SE25 —1K 11 (in two parts)
Hermitage La. SW16 —2C 4
Hermitage La. Croy & SE25 —2K 11
Hermitage Path. SW16 —3B 4
Hermitage Rd. SE19 —2F 5
Hermitage Rd. Kenl —2F 23
Herondale. S Croy —3C 18
Heron Pk. Pde. SW19 —3A 2
Heron Rd. Croy —4H 11
Herron Ct. Short —6K 7
Hertford Sq. Mitc —6B 4
Hertford Way. Mitc —6B 4
Hesiers Hill. Warl —4K 25
Hesiers Rd. Warl —3K 25
Hesterman Way. Croy —3C 10
Hetley Gdns. SE19 —2J 5
Hewitt Clo. Croy —5F 13
Hexham Rd. Mord —3C 8
Heybridge Av. SW16 —2B 4
Heyford Av. SW20 —5A 2
Heyford Rd. Mitc —4F 3
Highbarrow Rd. Croy —3K 11
High Beech. S Croy —2H 17
High Beeches Clo. Purl —4A 16
High Broom Cres. W Wick —2G 13
Highbury Av. T Hth —4D 4
Highbury Clo. W Wick —4G 13
Highbury Rd. SW19 —1A 2
Highclere Clo. Kenl —2F 23
Highdaun Dri. SW16 —6C 4
Highdown La. Sutt —5C 14
Higher Dri. Bans —7A 14
Higher Dri. Purl —7D 16
Highfield. Bans —4F 21
Highfield Dri. Brom —6K 7
Highfield Dri. W Wick —4G 13
Highfield Hill. SE19 —2G 5
Highfield Rd. Purl —4C 16
Highfield Rd. Sutt —7F 9
Highfields. Sutt —4B 8
High Gables. Brom —4K 7
Highgrove Ct. Beck —2F 7
Highgrove Ct. Sutt —1B 14
Highgrove M. Cars —5G 9
High Hill Rd. Warl —2H 25
Highland Cotts. Wall —6K 9
Highland Croft. Beck —1G 7
Highland Rd. SE19 —1H 5
Highland Rd. Brom —3K 7
Highland Rd. Purl —1D 22
Highlands Ct. SE19 —1H 5
High La. Warl —5E 24
High Mead. Cars —5E 14 (off Pine Cres.)
High Mead. W Wick —4J 13
High Path. SW19 —3C 2
High Pines. Warl —6B 24
High St. Cheam, Cheam —1A 14
High St. Banstead, Bans —2B 20
High St. Beckenham, Beck —4F 7
High St. Carshalton, Cars —6H 9
High St. Colliers Wood, SW19 —2E 2
High St. Croydon, Croy —5F 11
High St. Penge, SE20 —1B 6
High St. Purley, Purl —5D 16
High St. South Norwood, SE25 —6J 5
High St. Sutton, Sutt —6C 8
High St. Thornton Heath, T Hth —6F 5
High St. West Wickham, W Wick —3G 13
High Trees. Croy —3D 12
High View. Sutt —5A 14
Highview Av. Wall —7C 10
High View Clo. SE19 —4J 5
Highview Path. Bans —2B 20
Highview Rd. SE19 —1G 5
Highway, The. Sutt —3D 14
Highwold. Coul —5H 21
Highwood. Short —5K 7
Highwood Clo. Kenl —4F 23
Hilary Av. Mitc —5H 3
Hildenborough Gdns. Brom —1K 7
Hildenborough Ho. Beck —2E 6 (off Bethersden Clo.)
Hildenlea Pl. Brom —4K 7
Hillars Heath Rd. Coul —2B 22
Hill Barn. S Croy —5H 17
Hillborough Clo. SW19 —2D 2
Hillbrow Rd. Brom —2K 7
Hillbury Clo. Warl —5A 24
Hillbury Gdns. Warl —5B 24
Hillbury Rd. Whyt & Warl —4K 23
Hill Clo. Purl —7F 17
Hillcote Av. SW16 —2D 4
Hillcrest Clo. Beck —1E 12
Hillcrest Ct. Sutt —1E 14
Hillcrest Pde. Coul —1J 21
Hillcrest Rd. Purl —4C 16
Hillcrest Rd. Whyt —4J 23
Hillcrest View. Beck —1E 12
Hillcroft Av. Purl —7K 15
Hillcroome Rd. Sutt —1E 14
Hillcross Av. Mord —7A 2
Hilldale Rd. Sutt —6A 8
Hilldeane Rd. Purl —3D 16
Hilldown Ct. SW16 —2B 4
Hilldown Rd. SW16 —2B 4
Hilldown Rd. Brom —3K 13
Hill Dri. SW16 —5C 4
Hillfield Av. Mord —1F 9
Hill Ho. Rd. SW16 —1C 4
Hillhurst Gdns. Cat —7H 23
Hillier Gdns. Croy —7D 10
Hilliers La. Croy —5B 10
Hill La. Kgswd —7A 20
Hill Path. SW16 —1C 4
Hill Rd. Cars —1F 15

Hill Rd. *Mitc* —3J **3**
Hill Rd. *Purl* —6C **16**
Hill Rd. *Sutt* —7C **8**
Hillside. *Bans* —2A **20**
Hillside Av. *Purl* —7E **16**
Hillside Clo. *Bans* —3A **20**
Hillside Clo. *Mord* —6A **2**
Hillside Gdns. *Wall* —2K **15**
Hillside Rd. *Brom* —5K **7**
Hillside Rd. *Coul* —5C **22**
Hillside Rd. *Croy* —7E **10**
Hillside Rd. *Sutt* —2A **14**
Hillside Rd. *Whyt* —5K **23**
Hillsmead Way. *S Croy* —1K **23**
Hill Top. *Mord* —1B **8**
Hill Top. *Sutt* —2A **8**
Hilltop Rd. *Whyt* —4H **23**
Hilltop Wlk. *Wold* —7D **24**
Hillview. Whyt —5K 23
(off Slines Oak Rd.)
Hillview Clo. *Purl* —5E **16**
Hillview Rd. *Sutt* —5D **8**
Hillworth. *Beck* —4G **7**
Hilton Way. *S Croy* —2A **24**
Himley Rd. *SW17* —1F **3**
Hinchcliffe Clo. *Wall* —2C **16**
Hindhead Way. *Wall* —7B **10**
Hinkler Clo. *Wall* —2B **16**
Hinton Rd. *Wall* —1K **15**
Hobart Gdns. *T Hth* —5G **5**
Hogarth Cres. *SW19* —3E **2**
Hogarth Cres. *Croy* —2F **11**
Holderness Way. *SE27* —1E **4**
Holland Av. *Sutt* —3B **14**
Holland Rd. *SE25* —7K **5**
Hollies Clo. *SW16* —1D **4**
Hollingsworth Rd. *Croy* —1A **18**
Hollman Gdns. *SW16* —1E **4**
Holly Clo. *Wall* —2J **15**
Holly Ct. *Sutt* —2B **14**
Holly Cres. *Beck* —7E **6**
Hollycroft Clo. *S Croy* —7H **11**
Holly Hill Dri. *Bans* —4B **20**
Holly La. *Bans* —3B **20**
Holly La. E. *Bans* —3C **20**
Holly La. W. *Bans* —4C **20**
Hollymead. *Cars* —5G **9**
Hollymead Rd. *Coul* —5H **21**
Hollymeoak Rd. *Coul* —6J **21**
Holly Way. *Mitc* —6A **4**
Hollywoods. *Croy* —3E **18**
Holmbury Ct. *S Croy* —7H **11**
Holmbury Gro. *Croy* —2E **18**
Holmdene Clo. *Beck* —4H **7**
Holmesdale Clo. *SE25* —5J **5**
Holmesdale Rd. *Croy & SE25* —7G **5**
Holmes Rd. *SW19* —2D **2**
Holmewood Rd. *SE25* —5H **5**
Holmoaks Ho. *Beck* —4H **7**
Holmwood Av. *S Croy* —7J **17**
Holmwood Gdns. *Wall* —1J **15**
Holne Chase. *Mord* —1A **8**
Holt, The. *Mord* —6B **2**
Holt, The. *Wall* —6K **9**
Home Clo. *Cars* —4G **9**
Homecroft Rd. *SE26* —1B **6**
Homefield. *Mord* —6B **2**
Homefield Gdns. *Mitc* —4D **2**
Homefield M. *Beck* —3F **7**
Homefield Pk. *Sutt* —1C **14**
Homefield Rd. *Coul & Cat* —6E **22**
Homefield Rd. *Warl* —6B **24**
Homeland Dri. *Sutt* —3C **14**
Homelands Dri. *SE19* —2H **5**
Home Meadow. *Bans* —3B **20**
Homemead Rd. *Croy* —1A **10**
Homer Rd. *Croy* —1G **12**
Homestead Way. *New Ad* —5H **19**
Honeysuckle Gdns. *Croy* —2C **12**
Honeywood Wlk. *Cars* —6G **9**
Honister Heights. *Purl* —1G **23**
Hood Clo. *Croy* —3E **10**
Hook Hill. *S Croy* —4H **17**
Hope Clo. *Sutt* —7D **8**
Hopton Rd. *SW16* —1C **4**
Horatio Pl. *SW19* —3B **2**
Horatius Way. *Croy* —7C **10**
Hornbeam Ter. *Cars* —3F **9**
Hornchurch Hill. *Whyt* —5J **23**
Horner La. *Mitc* —4E **2**
Horsa Clo. *Wall* —2B **16**
Horsecroft. *Bans* —4A **20**
Horse Ride. *Cars* —4F **15**
Horse Shoe Grn. *Sutt* —4C **8**
Horseshoe, The. *Bans* —2B **20**
Horseshoe, The. *Coul* —7A **16**
Horsley Dri. *New Ad* —2H **19**
Horton Way. *Croy* —7C **6**
Hotham Rd. *SW19* —2D **2**
Hotham Rd. M. *SW19* —2D **2**
Houlder Cres. *Croy* —1E **16**
Hove Gdns. *Sutt* —3C **8**
Howard Rd. *SE20* —3B **6**
Howard Rd. *SE25* —7K **5**
Howard Rd. *Coul* —2K **21**
Howards Crest Clo. *Beck* —4H **7**
Howberry Rd. *T Hth* —3G **5**
Howden Rd. *SE25* —4J **5**
How La. *Coul* —4H **21**
Howley Rd. *Croy* —5E **10**
Hoylake Gdns. *Mitc* —5K **3**
Hubert Clo. SW19 —3D 2
(off Nelson Gro. Rd.)
Hughes Rd. *SE20* —2A **6**
Hughes Wlk. *Croy* —2F **11**
Hulverston Clo. *Sutt* —4C **14**
Hunston Rd. *Mord* —3C **8**
Hunter Rd. *T Hth* —5G **5**
Hunter's Way. *Croy* —6H **11**
Huntingdon Clo. *Mitc* —5B **4**
Huntingfield. *Croy* —2E **18**
Hunting Ga. M. *Sutt* —5C **8**
Huntly Rd. *SE25* —6H **5**
Huntsmans Clo. *Warl* —6B **24**
Hurlstone Rd. *SE25* —7H **5**
Hurnford Clo. *S Croy* —4H **17**
Hurstcourt Rd. *Sutt* —4C **8**
Hurst Rd. *Croy* —6G **11**
Hurstview Grange. *S Croy* —2E **16**
Hurst View Rd. *S Croy* —2H **17**
Hurst Way. *S Croy* —1H **17**
Hutchingsons Rd. *New Ad* —5H **19**
Hyde Rd. *S Croy* —7H **17**
Hyde Wlk. *Mord* —2B **8**
Hyrstdene. *S Croy* —7E **10**
Hythe Rd. *T Hth* —4G **5**

Iberian Av. *Wall* —6A **10**
Iden Clo. *Brom* —5K **7**
Idlecombe Rd. *SW17* —1H **3**
Ightham Ho. Beck —2E 6
(off Bethersden Clo.)
Ilex Way. *SW16* —1D **4**
Ilkley Clo. *SE19* —1G **5**
Illingworth Clo. *Mitc* —5E **2**
Impact Ct. *SE20* —4A **6**
Imperial Gdns. *Mitc* —5J **3**
Imperial Way. *Croy* —1C **16**
Inchwood. *Croy* —6G **13**
Ingatestone Rd. *SE25* —6A **6**
Ingham Clo. *S Croy* —3C **18**
Ingham Rd. *S Croy* —3B **18**
Ingleboro Dri. *Purl* —7G **17**
Ingleby Way. *Wall* —3A **16**
Inglemere Rd. *Mitc* —2G **3**
Ingleside Clo. *Beck* —2F **7**
Ingleton Rd. *Cars* —3F **15**
Inglewood. *Croy* —3D **18**
Inglis Rd. *Croy* —3J **11**
Ingram Rd. *T Hth* —3F **5**
Innes Clo. *SW20* —4A **2**
Innis Yd. *Croy* —5F **11**
Instone Clo. *Wall* —2B **16**
Inwood Av. *Coul* —7D **22**
Inwood Clo. *Croy* —4D **12**
Ipswich Rd. *SW17* —1H **3**
Iris Clo. *Croy* —3C **12**
Isham Rd. *SW16* —4B **4**
Island Rd. *Mitc* —2G **3**
Iveagh Ct. *Beck* —5H **7**
Ivers Way. *New Ad* —2G **19**
Ivychurch Clo. *SE20* —2B **6**
Ivydale Rd. *Cars* —4G **9**
Ivydene Clo. *Sutt* —6D **8**
Ivy Gdns. *Mitc* —5A **4**

Jacksons Pl. *Croy* —3H **11**
Jackson's Way. *Croy* —5F **13**
Jacob's Ladder. *Warl* —6K **23**
Jamaica Rd. *T Hth* —1E **10**
James Est. *Mitc* —4G **3**
James St. *Beck* —5E **6**
Jarrow Clo. *Mord* —7C **2**
Jarvis Rd. *S Croy* —1G **17**
Jasmine Gdns. *Croy* —5G **13**
Jasmine Gro. *SE20* —3A **6**
Jasper Pas. *SE19* —1J **5**
Jasper Rd. *SE19* —1J **5**
Jeffs Rd. *Sutt* —6A **8**
Jengar Clo. *Sutt* —6C **8**
Jennett Rd. *Croy* —5D **10**
Jenson Way. *SE19* —2J **5**
Jeppos La. *Mitc* —6G **3**
Jersey Rd. *SW17* —1J **3**
Jerviston Gdns. *SW16* —1D **4**
Jesmond Clo. *Mitc* —5J **3**
Jesmond Rd. *Croy* —2J **11**
Jessops Way. *Croy* —1K **9**
John's Ct. *Sutt* —1C **14**
John's La. *Mord* —7D **2**
Johnson Rd. *Croy* —2G **11**
Johnsons Clo. *Cars* —4G **9**
John's Ter. *Croy* —3H **11**
John St. *SE25* —6K **5**
Johns Wlk. *Whyt* —6K **23**
Jonson Clo. *Mitc* —6J **3**
Jordan Clo. *S Croy* —5J **17**
Jubilee Way. *SW19* —3C **2**
Julien Rd. *Coul* —2A **22**
Junction Rd. *S Croy* —7G **11**
June Clo. *Coul* —1J **21**
Juniper Gdns. *SW16* —3K **3**
Jutland Gdns. *Coul* —7C **22**

Kangley Bri. Rd. *SE26* —1E **6**
Katharine St. *Croy* —5F **11**
Kathleen Godfree Ct. *SW19* —1B **2**
Kayemoor Rd. *Sutt* —1E **14**
Kearton Clo. *Kenl* —4F **23**
Keats Clo. *SW19* —1E **2**
Keats Way. *Croy* —1B **12**
Kedeston Ct. *Sutt* —3C **8**
Keeley Rd. *Croy* —4F **11**
Keens Rd. *Croy* —6F **11**
Kelling Gdns. *Croy* —2E **10**
Kelsey Ga. *Beck* —4G **7**
Kelsey La. *Beck* —4F **7**
Kelsey Pk. Av. *Beck* —4G **7**
Kelsey Pk. Rd. *Beck* —4F **7**
Kelsey Sq. *Beck* —4F **7**
Kelsey Way. *Beck* —5F **7**
Kelso Rd. *Cars* —2D **8**
Kelvin Ct. *SE20* —3A **6**
Kelvin Gdns. *Croy* —2B **10**
Kelvington Clo. *Croy* —2D **12**
Kemble Rd. *Croy* —5E **10**
Kemerton Rd. *Beck* —4G **7**
Kemerton Rd. *Croy* —2J **11**
Kemp Gdns. *Croy* —1F **11**
Kempshott Rd. *SW16* —2A **4**
Kempton Wlk. *Croy* —1D **12**
Kemsing Clo. *T Hth* —6F **5**
Kendale Rd. *Brom* —1K **7**
Kendal Ho. SE20 —4A 6
(off Derwent Rd.)
Kendall Av. *Beck* —4D **6**
Kendall Av. *S Croy* —3G **17**
Kendall Av. S. *S Croy* —4F **17**
Kendall Gdns. *Sutt* —4D **8**
Kendall Rd. *Beck* —4D **6**
Kendra Hall Rd. *S Croy* —2E **16**
Kenilworth Clo. *Bans* —3C **20**
Kenilworth Rd. *SE20* —3C **6**
Kenley Clo. *Cat* —7H **23**
Kenley Ct. *Kenl* —2E **22**
Kenley Gdns. *T Hth* —6E **4**
Kenley La. *Kenl* —1F **23**
Kenley Rd. *SW19* —4B **2**
Kenlor Rd. *SW17* —1E **2**
Kenmare Dri. *Mitc* —2G **3**
Kenmare Rd. *T Hth* —1D **10**
Kenmore Rd. *Kenl* —1E **22**
Kennedy Clo. *Mitc* —4H **3**
Kennedy Ct. *Beck* —1E **12**
Kennedy Ct. *Croy* —1E **12**
Kennel Wood Cres. *New Ad* —5J **19**
Kenneth Rd. *Bans* —2E **20**
Kennet Sq. *Mitc* —3F **3**
Kensington Av. *T Hth* —3D **4**
Kensington Ter. *S Croy* —2G **17**
Kent Clo. *Mitc* —6B **4**
Kent Ga. Way. *Croy* —1E **18**
Kent Ho. La. *Beck* —1D **6**
Kent Ho. Rd. *SE26 & Beck* —1D **6**
Kentone Ct. *SE25* —6A **6**
Kent Rd. *W Wick* —3G **13**
Kenwood Dri. *Beck* —5H **7**
Kenwood Ridge. *Kenl* —4E **22**
Kerrill Av. *Coul* —6D **22**
Kersey Dri. *S Croy* —6B **18**
Keston Av. *Coul* —6D **22**
Keston Rd. *T Hth* —1D **10**
Kestrel Ct. *S Croy* —1F **17**
Kestrel Way. *New Ad* —3J **19**
Keswick Av. *SW19* —4B **2**
Keswick Clo. *Sutt* —6D **8**
Keswick Rd. *W Wick* —4K **13**
Kettering St. *SW16* —1K **3**
Kevington Clo. *Croy* —2D **12**
Kew Cres. *Sutt* —5A **8**
Keynsham Rd. *Mord* —3C **8**
Keynsham Wlk. *Mord* —3C **8**
Kidderminster Rd. *Croy* —3E **10**
Killick Ho. *Sutt* —6C **8**
Kilmartin Av. *SW16* —5D **4**
Kimberely Rd. *Beck* —4C **6**
Kimberley Ga. *Brom* —2K **7**
Kimberley Pl. *Purl* —5D **16**
Kimberley Rd. *Beck* —4C **6**
Kimberley Rd. *Croy* —1E **10**
Kimble Rd. *SW19* —1E **2**
Kimpton Ind. Est. *Sutt* —4A **8**
Kimpton Rd. *Sutt* —4A **8**
Kingcup Clo. *Croy* —2C **12**
Kingfisher Gdns. *S Croy* —5C **18**
Kingfisher Way. *Beck* —7C **6**
King Gdns. *Croy* —7E **10**
King George VI Av. *Mitc* —6G **3**
King Henry's Dri. *New Ad* —3G **19**
Kings Av. *Brom* —1K **7**
King's Av. *Cars* —2F **15**
Kingscote Rd. *Croy* —2A **12**
Kingscroft Rd. *Bans* —2E **20**
Kingsdale Rd. *SE20* —2C **6**
Kingsdown Av. *S Croy* —4E **16**
Kingsford Av. *Wall* —2B **16**
Kings Hall Rd. *Beck* —2D **6**
Kings Keep. *Brom* —5K **7**
Kings La. *Sutt* —7E **8**
Kingsleigh Pl. *Mitc* —5G **3**
Kingsley Av. *Bans* —2B **20**
Kingsley Av. *Sutt* —6E **8**
Kingsley Ct. *Sutt* —2C **14**
Kingsley Rd. *Croy* —3D **10**
Kingslyn Cres. *SE19* —4H **5**
Kingsmead Av. *Mitc* —5K **3**
Kings Rd. *SE25* —5K **5**
Kings Rd. *SW19* —1B **2**
Kings Rd. *Mitc* —5H **3**
King's Rd. *Sutt* —4B **14**
Kingston Av. *Sutt* —5A **8**
Kingston Cres. *Beck* —3E **6**
Kingston Gdns. *Croy* —5B **10**
Kings Wlk. *S Croy* —1A **24**
King's Way. *Croy* —7C **10**
Kingsway. *W Wick* —5K **13**
Kingsway Av. *S Croy* —3B **18**
Kingswood Av. *Brom* —6K **7**
Kingswood Av. *S Croy* —2A **24**
Kingswood Av. *T Hth* —7D **4**
Kingswood Dri. *Cars* —3G **9**
Kingswood Dri. *Sutt* —3C **14**
Kingswood La. *Warl* —2B **24**
Kingswood Rd. *SE20* —1B **6**
Kingswood Rd. *SW19* —2A **2**
Kingswood Rd. *Brom* —6J **7**
Kingswood Way. *S Croy* —7B **18**
(in two parts)
Kingswood Way. *Wall* —7B **10**
Kingsworth Clo. *Beck* —7D **6**
King William IV Gdns. *SE20* —1B **6**
Kinloss Rd. *Cars* —2D **8**
Kinnaird Av. *Brom* —1K **7**
Kintyre Clo. *SW16* —4C **4**
Kipling Dri. *SW19* —1E **2**
Kirklees Rd. *T Hth* —7D **4**
Kirkley Rd. *SW19* —3B **2**
Kirkly Clo. *S Croy* —3H **17**
Kirk Rise. *Sutt* —5C **8**
Kirksted Rd. *Mord* —3C **8**
Kirkstone Way. *Brom* —2K **7**
Kitchener Rd. *T Hth* —5G **5**
Kitley Gdns. *SE19* —3J **5**
Kittiwake Clo. *S Croy* —4D **18**
Knapton M. *SW17* —1H **3**
Knighton Clo. *S Croy* —3E **16**
Knighton Pk. Rd. *SE26* —1C **6**
Knights Hill. *SE27* —1E **4**
Knockholt Clo. *Sutt* —4C **14**
Knole Clo. *Croy* —1B **12**
Knoll, The. *Beck* —3G **7**
Kooringa. *Warl* —6A **24**
Kristina Ct. Sutt —2B 14
(off Overton Rd.)
Kuala Gdns. *SW16* —3C **4**
Kynaston Av. *T Hth* —7F **5**
Kynaston Cres. *T Hth* —7F **5**
Kynaston Rd. *T Hth* —7F **5**
Kynnersley Clo. *Cars* —5G **9**

Laburnum Av. *Sutt* —5F **9**
Laburnum Ct. *SE19* —3J **5**
Laburnum Gdns. *Croy* —3C **12**
Laburnum Ho. *Brom* —3K **7**
Laburnum Rd. *SW19* —2D **2**
Laburnum Rd. *Mitc* —4H **3**
Lacey Av. *Coul* —7D **22**
Lacey Dri. *Coul* —7E **22**
Lacey Grn. *Coul* —7D **22**
Lackford Rd. *Coul* —5G **21**
Lacock Clo. *SW19* —1D **2**
Ladbrook Rd. *SE25* —6G **5**
Ladygrove. *Croy* —3D **18**
Laings Av. *Mitc* —4G **3**
Lake Clo. *SW19* —1A **2**
Lake Gdns. *Wall* —5J **9**
Lakehall Gdns. *T Hth* —7E **4**
Lakehall Rd. *T Hth* —7E **4**
Lake Rd. *SW19* —1A **2**
Lake Rd. *Croy* —4E **12**
Lakers Rise. *Bans* —3F **21**
Lakeside. *Beck* —5G **7**
Lakeside. *Wall* —6J **9**
Lakeside Clo. *SE25* —4K **5**
Lakeview Rd. *SE27* —1D **4**
Lambert Rd. *Bans* —1B **20**
Lambert's Pl. *Croy* —3G **11**
Lambeth Rd. *Croy* —3D **10**
Lammas Av. *Mitc* —4H **3**
Lancaster Av. *Mitc* —7B **4**
Lancaster Clo. *Brom* —6K **7**
Lancaster Clo. *Croy* —4B **10**
Lancaster Ct. *Bans* —1A **20**
Lancaster Ct. Sutt —2B 14
(off Mulgrave Rd.)
Lancaster Rd. *SE25* —4J **5**
Lancing Rd. *Croy* —2C **10**
Landscape Rd. *Warl* —6A **24**
Landseer Clo. *SW19* —3D **2**
Landseer Rd. *Sutt* —1B **14**
Langcroft Clo. *Cars* —5G **9**
Langdale Av. *Mitc* —5G **3**
Langdale Pde. *Mitc* —5G **3**
Langdale Rd. *T Hth* —6D **4**
Langdon Rd. *Mord* —7D **2**
Langdon Wlk. *Mord* —7D **2**
Langham Dene. *Kenl* —2E **22**
Langland Gdns. *Croy* —4E **12**
Langley Oaks Av. *S Croy* —4K **17**
Langley Pk. Rd. *Sutt* —7D **8**
Langley Rd. *SW19* —3A **2**
Langley Rd. *Beck* —6D **6**
Langley Rd. *S Croy* —3C **18**
Langley Way. *W Wick* —3J **13**
Langton Way. *Croy* —6H **11**
Lankton Clo. *Beck* —3H **7**
Lansdell Rd. *Mitc* —4H **3**
Lansdowne Ct. *Purl* —4E **16**
Lansdowne Pl. *SE19* —2J **5**
Lansdowne Rd. *Croy* —4G **11**
Lansdowne Rd. *Purl* —6D **16**
Lapwing Clo. *S Croy* —4D **18**
Larbert Rd. *SW16* —2K **3**
Larch Clo. *Tad* —7D **20**
Larch Clo. *Warl* —6D **24**
Larch Ho. *Brom* —3K **7**
Larch Tree Way. *Croy* —5F **13**
Larchvale Ct. *Sutt* —2C **14**
Larcombe Clo. *Croy* —6J **11**
Larcombe Ct. Sutt —2C 14
(off Worcester Rd.)
Larkin Clo. *Coul* —4C **22**
Lark Way. *Cars* —2F **9**
Latham's Way. *Croy* —3C **10**
Lathkill Ct. *Beck* —3E **6**
Latimer Rd. *SW19* —1C **2**
Latimer Rd. *Croy* —5E **10**
Laud St. *Croy* —5F **11**
Laurel Cres. *Croy* —5F **13**
Laurel Gro. *SE20* —2B **6**
Laurel Ho. *Brom* —3K **7**
Laurel Mnr. *Sutt* —2D **14**
Laurels, The. *Bans* —4A **20**
Laurier Rd. *Croy* —2J **11**
Lavender Av. *Mitc* —3F **3**
Lavender Clo. *Cars* —6J **9**
Lavender Clo. *Coul* —6K **21**
Lavender Gro. *Mitc* —3F **3**
Lavender Rd. *Cars* —6H **9**
Lavender Rd. *Croy* —1C **10**
Lavender Rd. *Sutt* —6E **8**
Lavender Vale. *Wall* —1A **16**
Lavender Wlk. *Mitc* —5H **3**

Lavender Way. Croy —1C 12
Lavington Rd. Croy —5C 10
Lawdons Gdns. Croy —6E 10
Lawford Clo. Wall —3B 16
Lawford Gdns. Kenl —3F 23
Lawn Rd. Beck —2E 6
Lawns, The. SE19 —3G 5
Lawns, The. Sutt —2A 14
Lawrence Rd. SE25 —6J 5
Lawrence Weaver Clo. Mord —1B 8
Lawrie Pk. Cres. SE26 —1A 6
Lawrie Pk. Rd. SE26 —1A 6
Layard Rd. T Hth —4G 5
Layhams Rd. W Wick & Kes (in two parts) —6K 13
Layton Cres. Croy —7D 10
Leacroft Clo. Kenl —3F 23
Leafield Clo. SW16 —1E 4
Leafield Rd. SW20 —5A 2
Leafield Rd. Sutt —4B 8
Leafy Way. Croy —4J 11
Leamington Av. Mord —6A 2
Leander Rd. T Hth —6C 4
Lea Rd. Beck —4F 7
Leas La. Warl —5C 24
Leas Rd. Warl —5C 24
Leather Clo. Mitc —4H 3
Leaveland Clo. Beck —6F 7
Lebanon Rd. Croy —3H 11
Ledbury Pl. Croy —6G 11
Ledbury Rd. Croy —6G 11
Ledgers La. Warl —4G 25
Ledgers Rd. Warl —3F 25
Ledrington Rd. SE19 —1K 5
Leechcroft Rd. Wall —5H 9
Lee Rd. SW19 —3C 2
Lees, The. Croy —4E 12
Leeward Gdns. SW19 —1A 2
Legion Ct. Mord —1B 8
Leicester Av. Mitc —6B 4
Leicester Rd. Croy —2H 11
Leigham Ct. Rd. SW16 —1D 4
Leigh Cres. New Ad —2G 19
Leighton Gdns. Croy —3E 10
Leighton Gdns. S Croy —7A 18
Leighton St. Croy —3E 10
Leith Towers. Sutt —2C 14
Lenham Rd. Sutt —6C 8
Lenham Rd. T Hth —4G 5
Lennard Av. W Wick —4K 13
Lennard Clo. W Wick —4K 13
Lennard Rd. SE20 & Beck —1C 6
Lennard Rd. Croy —3F 11
Lennox Gdns. Croy —6E 10
Leominster Rd. Mord —1D 8
Leominster Wlk. Mord —1D 8
Leonard Av. Mord —7D 2
Leonard Rd. SW16 —3K 3
Leslie Gdns. Sutt —2B 14
Leslie Gro. Croy —3H 11
Leslie Pk. Rd. Croy —3H 11
Lessness Rd. Mord —1D 8
Leveret Clo. New Ad —5J 19
Leverson St. SW16 —1K 3
Lewin Rd. SW16 —1A 4
Lewis Rd. Mitc —4E 2
Lewis Rd. Sutt —6C 8
Lexden Rd. Mitc —6A 4
Lexington Ct. Purl —4F 17
Leyburn Gdns. Croy —4H 11
Leyton Rd. SW19 —2D 2
Liberty Av. SW19 —3D 2
Lichfield Way. S Croy —4C 18
Lilac Gdns. Croy —5F 13
Lilian Rd. SW16 —3K 3
Lilleshall Rd. Mord —1E 8
Lime Clo. Cars —4G 9
Lime Ct. Mitc —4E 2
Lime Gro. Warl —5D 24
Lime Meadow Av. S Croy —7K 17
Limes Av. SE20 —2A 6
Limes Av. Cars —3G 9
Limes Av. Croy —5D 10
Limes Pl. Croy —2G 11
Limes Rd. Beck —4G 7
Limes Rd. Croy —2G 11
Lime Tree Ct. S Croy —1F 17
Lime Tree Gro. Croy —5E 12
Lime Tree Pl. Mitc —3J 3
Limetree Wlk. SW17 —1H 3
Limpsfield Av. T Hth —7C 4
Limpsfield Rd. S Croy & Warl —6K 17
Lincoln Clo. SE25 —1K 11
Lincoln Rd. SE25 —5A 6
Lincoln Rd. Mitc —7B 4
Lindbergh Rd. Wall —2B 16
Linden Av. Coul —3J 21
Linden Av. T Hth —6E 4
Linden Gro. SE26 —1B 6
Linden Gro. Warl —5D 24
Linden Leas. W Wick —4J 13
Linden Pl. Mitc —6F 3
Lindens, The. New Ad —1H 19
Linden Way. Purl —4K 15
Lindfield Rd. Croy —1J 11
Lindores Rd. Cars —3D 8
Lind Rd. Sutt —7D 8
Lindsey Clo. Mitc —6B 4
Lindway. SE27 —1E 4
Lingfield Gdns. Coul —6E 22
Link La. Wall —1A 16
Link Rd. Wall —3H 9
Links Av. Mord —6B 2 (in two parts)
Links Gdns. SW16 —2D 4
Links Rd. SW17 —1H 3
Links Rd. W Wick —3H 13
Links View Rd. Croy —5F 13
Links Way. Beck —1F 13
Linkway, The. Sutt —3D 14
Linley Ct. Sutt —6D 8
Linnet Clo. S Croy —4C 18
Linton Clo. Mitc —2G 9
Linton Glade. Croy —3D 18 (in two parts)
Lion Grn. Rd. Coul —3A 22
Lion Rd. Croy —7F 5
Lipsham Clo. Bans —7E 14
Lismore. SW19 —1A 2 (off Woodside)
Lismore Rd. S Croy —1H 17
Lissoms Rd. Coul —5H 21
Lister Clo. Mitc —3F 3
Litchfield Av. Mord —2A 8
Litchfield Rd. Sutt —6D 8
Lit. Acre. Beck —5F 7
Littlebrook Clo. Croy —1C 12
Little Ct. W Wick —4K 13
Littleheath Rd. S Croy —2A 18
Lit. Roke Av. Kenl —1E 22
Lit. Roke Rd. Kenl —1F 23
Littlers Clo. SW19 —4E 2
Littlestone Clo. Beck —1F 7
Lit. Woodcote Est. Cars —5H 15
Lit. Woodcote La. Cars & Purl —6J 15
Liverpool Rd. T Hth —5F 5
Livingstone Rd. T Hth —4G 5
Llanthony Rd. Mord —7E 2
Llewellyn Ct. SE20 —3B 6
Lloyd Av. SW16 —3B 4
Lloyd Av. Coul —1H 21
Lloyd Pk. Av. Croy —6J 11
Lloyds Way. Beck —7D 6
Lockie Pl. SE25 —5K 5
Locks La. Mitc —4H 3
Lodge Av. Croy —5D 10
Lodge Clo. Wall —3H 9
Lodge Gdns. Beck —7E 6
Lodge Hill. Purl —2D 22
Lodge La. New Ad —1F 19
Lodge Pl. Sutt —7C 8
Lodge Rd. Croy —1E 10
Lodge Rd. Wall —7J 9
Lomas Clo. Croy —2H 19
Lombard Bus. Pk. Croy —2C 10
Lombard Rd. SW19 —4C 2
Lombard Roundabout. (Junct.) —2C 10
Lomond Gdns. S Croy —2D 18
London La. Brom —2K 7
London Rd. SW16 & T Hth —3C 4
London Rd. Brom —2K 7
London Rd. Croy —1E 10
London Rd. Mitc & SW17 —6F 3
London Rd. Mord —7B 2
London Rd. Wall & Mitc —6J 9
Lonesome Way. SW16 —3K 3
Longacre Pl. Cars —1H 15
Longcroft Av. Bans —1D 20
Longfield Av. Wall —3H 9
Longfield Dri. Mitc —3F 3
Longford Gdns. Sutt —5D 8
Longheath Gdns. Croy —7B 6
Longhurst Rd. Croy —1A 12
Longlands Av. Coul —1H 21
Long La. Croy —1B 12
Longley Rd. SW17 —1F 3
Longley Rd. Croy —2E 10
Long Meadow Clo. W Wick —2H 13
Longstone Rd. SW17 —1J 3
Longthornton Rd. SW16 —4K 3
Longwood Rd. Kenl —3G 23
Lonsdale Gdns. T Hth —6C 4
Lonsdale Rd. SE25 —6A 6
Lorac Ct. Sutt —2B 14
Loraine Ho. Wall —6J 9
Lordsbury Field. Wall —4K 15
Lorne Av. Croy —2C 12
Lorne Gdns. Croy —2C 12
Loubet St. SW17 —1G 3
Love La. SE25 —5A 6 (in two parts)
Love La. Mitc —5F 3 (in two parts)
Love La. Mord —2B 8
Love La. Sutt —1A 14
Lovelock Clo. Kenl —4F 23
Lovett Dri. Cars —2D 8
Lwr. Addiscombe Rd. Croy —3H 11
Lwr. Barn Rd. Purl —6F 17
Lwr. Church St. Croy —4E 10
Lwr. Coombe St. Croy —6F 11
Lwr. Drayton Pl. Croy —4E 10
Lwr. Dunnymans. Bans —1A 20
Lwr. Green W. Mitc —5F 3
Lwr. Morden La. Mord —1A 8
Lwr. Northfield. Bans —1A 20
Lwr. Park Rd. Coul —5F 21
Lwr. Pillory Downs. Cars —7J 15
Lower Rd. Kenl —7E 16
Lower Rd. Sutt —6D 8
Lwr. Sawleywood. Bans —1A 20
Lower Sq., The. Sutt —7C 8
Lwr. Sydenham Ind. Est. SE26 —1E 6
Lowry Cres. Mitc —4F 3
Lucas Rd. SE20 —1B 6
Lucerne Rd. T Hth —6F 5
Ludford Clo. Croy —5E 10
Lullington Garth. Brom —2K 7
Lullington Rd. SE20 —2K 5
Lulworth Cres. Mitc —4F 3
Lumley Gdns. Sutt —7A 8
Lumley Rd. Sutt —7A 8
Luna Rd. T Hth —5F 5
Lunghurst Rd. Wold —7E 24
Lunham Rd. SE19 —1H 5
Lupin Clo. Croy —3C 12
Luscombe Ct. Short —4K 7
Lutea Ho. Sutt —2D 14 (off Walnut M.)
Lyconby Gdns. Croy —2D 12
Lyle Clo. Mitc —2H 9
Lymbourne Clo. Sutt —4B 14
Lyme Regis Rd. Bans —4A 20
Lymescote Gdns. Sutt —4B 8
Lymington Clo. SW16 —4A 4
Lymington Ct. Sutt —5C 8
Lyndhurst Av. SW16 —4A 4
Lyndhurst Clo. Croy —5J 11
Lyndhurst Rd. Coul —3H 21
Lyndhurst Rd. T Hth —6D 4
Lyndhurst Way. Sutt —3B 14
Lyndon Av. Wall —5H 9
Lynn Ct. Whyt —5J 23
Lynne Clo. S Croy —5B 18
Lynscott Way. S Croy —3E 16
Lynstead Ct. Beck —4D 6
Lynsted Ct. Beck —4D 6
Lynton Rd. Croy —1D 10
Lynwood Av. Coul —2J 21
Lynwood Gdns. Croy —6C 10
Lyon Rd. SW19 —3D 2
Lysander Rd. Croy —1C 16
Lytchgate Clo. S Croy —2H 17
Lytton Gdns. Wall —6A 10
Lyveden Rd. SW17 —1G 3

Maberley Cres. SE19 —2K 5
Maberley Rd. SE19 —3K 5
Maberley Rd. Beck —5C 6
Macclesfield Rd. SE25 —7B 6
McIntosh Clo. Wall —2B 16
Mackenzie Rd. Beck —4B 6
McRae La. Mitc —2G 9
Madeira Av. Brom —2K 7
Madeira Rd. Mitc —6G 3
Madeline Rd. SE20 —2K 5
Magdala Rd. S Croy —2G 17
Magnolia Ct. Sutt —2C 14 (off Grange Rd.)
Magnolia Ct. Wall —7J 9
Magpie Clo. Coul —5K 21
Maisonettes, The. Sutt —7A 8
Maitland Rd. SE26 —1C 6
Majestic Way. Mitc —4G 3
Malcolm Rd. SE20 —2B 6
Malcolm Rd. SE25 —1K 11
Malcolm Rd. SW19 —1A 2
Malcolm Rd. Coul —2A 22
Malden Av. SE25 —5A 6
Maldon Ct. Wall —7K 9
Maldon Rd. Wall —7J 9
Mallard Rd. S Croy —4C 18
Mallard Wlk. Beck —7C 6
Mallard Way. Wall —3K 15
Malling Clo. Croy —1B 12
Malling Gdns. Mord —1D 8
Mallinson Rd. Croy —5A 10
Mallow Clo. Croy —3C 12
Mall, The. Croy —4F 11
Malmains Clo. Beck —6J 7
Malmains Way. Beck —6H 7
Malmesbury Rd. Mord —2D 8
Malvern Clo. SE20 —4K 5
Malvern Clo. Mitc —5K 3
Malvern Ct. Sutt —2B 14
Malvern Rd. T Hth —6D 4
Manchester Rd. T Hth —5F 5
Mandeville Clo. SW20 —3A 2
Mann Clo. Croy —6F 5
Manor Clo. Warl —4D 24
Manor Ct. W Wick —3G 13
Manor Farm Rd. SW16 —4D 4
Manor Gdns. SW20 —4A 2
Manor Gdns. S Croy —1J 17
Manor Gro. Beck —4G 7
Manor Hill. Bans —2G 21
Manor La. Sutt —7D 8
Manor Pk. Clo. W Wick —3G 13
Manor Pk. Rd. Sutt —7D 8
Manor Pk. Rd. W Wick —3G 13
Manor Pl. Mitc —5K 3
Manor Pl. Sutt —6C 8
Manor Rd. SE25 —6K 5
Manor Rd. SW20 —4A 2
Manor Rd. Beck —4G 7
Manor Rd. Mitc —6K 3
Manor Rd. Sutt —2A 14
Manor Rd. Wall —6J 9
Manor Rd. W Wick —4G 13
Manor Rd. N. Wall —6J 9
Manor Way. Bans —3G 21
Manor Way. Beck —4F 7
Manor Way. Mitc —5K 3
Manor Way. Purl —6B 16
Manor Way. S Croy —1H 17
Manor Way, The. Wall —6J 9
Manor Wood Rd. Purl —7B 16
Mansard Beeches. SW17 —1H 3
Mansel Rd. SW19 —1A 2
Mansfield Rd. S Croy —1G 17
Manship Rd. Mitc —2H 3
Manston Clo. SE20 —3B 6
Mantlet Clo. SW16 —2K 3
Maple Clo. Mitc —3J 3
Maple Clo. Whyt —4J 23
Mapledale Av. Croy —4K 11
Maplehurst. Brom —4K 7
Maple M. SW16 —1C 4
Maple Rd. SE20 —3A 6
Maple Rd. Whyt —4J 23
Maples, The. Bans —1C 20
Maplethorpe Rd. T Hth —6E 4
Maple Wlk. Sutt —4C 14
Marchmont Rd. Wall —2K 15
Mardell Rd. Croy —7C 6
Marden Cres. Croy —1C 10
Marden Rd. Croy —1C 10
Mares Field. Croy —5H 11
Marfleet Clo. Cars —4F 9
Margaret Way. Coul —6E 22
Marham Gdns. Mord —1D 8
Marian Ct. Sutt —7C 8
Marian Rd. SW16 —3K 3
Mariette Way. Wall —3B 16
Marigold Way. Croy —3C 12
Marion Rd. T Hth —7F 5
Market, The. Sutt —3D 8
Markfield. Croy —4E 18 (in two parts)
Marks Rd. Warl —5D 24
Marlborough Clo. SW19 —1F 3
Marlborough Rd. SW19 —1F 3
Marlborough Rd. S Croy —2F 17
Marlborough Rd. Sutt —5B 8
Marlings Clo. Whyt —4H 23
Marlins Clo. Sutt —7D 8
Marlow Clo. SE20 —5A 6
Marlowe Sq. Mitc —6K 3
Marlowe Way. Croy —4B 10
Marlow Rd. SE20 —5A 6
Marlpit Av. Coul —4B 22
Marlpit La. Coul —3A 22
Marqueen Towers. SW16 —2B 4
Marshall Clo. S Croy —7K 17
Marshall's Rd. Sutt —6C 8
Marsh Av. Mitc —4G 3
Marston Dri. Warl —5D 24
Marston Way. SE19 —2E 4
Martin Clo. S Croy —5C 18
Martin Clo. Warl —3A 24
Martin Cres. Croy —3D 10
Martin Gro. Mord —6B 2
Martins Clo. W Wick —4J 13
Martin's Rd. Brom —4K 7
Martin Way. SW20 & Mord —5A 2
Marwell Clo. W Wick —4K 13
Maryhill Clo. Kenl —4F 23
Maryland Rd. T Hth —3E 4
Maskani Wlk. SW16 —2K 3
Masons Av. Croy —5F 11
Masons Pl. Mitc —3G 3
Matilda Clo. SE19 —2G 5
Matlock Cres. Sutt —6A 8
Matlock Gdns. Sutt —6A 8
Matlock Pl. Sutt —6A 8
Matthew Ct. Mitc —7A 4
Matthew Rd. Bans —4A 20
Matthews Gdns. New Ad —5J 19
Maureen Ct. Beck —4B 6
Mawson Clo. SW20 —4A 2
Maxwell Clo. Croy —3B 10
Mayberry Ct. Beck —2E 6
Maybourne Clo. SE26 —1A 6
Maybury St. SW17 —1F 3
Maycross Av. Mord —6A 2
Mayday Rd. T Hth —1E 10
Mayes Clo. Warl —5C 24
Mayfair Clo. Beck —3G 7
Mayfield Clo. SE20 —3A 6
Mayfield Cres. T Hth —6C 4
Mayfield Rd. SW19 —3A 2
Mayfield Rd. S Croy —3G 17
Mayfield Rd. Sutt —1E 14
Mayfield Rd. T Hth —6C 4
Mayford Clo. Beck —5C 6
Maynooth Gdns. Cars —2G 9
Mayo Rd. Croy —7G 5
Mays Hill Rd. Brom —4K 7
Maywater Clo. S Croy —5G 17
Maywood Clo. Beck —2G 7
Mead Cres. Sutt —5F 9
Meadfoot Rd. SW16 —2K 3
Meadow Av. Croy —1C 12
Meadow Clo. Purl —7A 16
Meadow Clo. Sutt —4D 8
Meadow Hill. Purl —1K 21
Meadow Rise. Coul —7A 16
Meadow Rd. SW19 —3D 2
Meadow Rd. Brom —3K 7
Meadow Rd. Sutt —6F 9
Meadowside Rd. Sutt —3A 14
Meadows, The. Warl —4C 24
Meadow Stile. Croy —5F 11
Meadow View Rd. T Hth —7E 4
Meadow Wlk. Wall —5J 9
Meadow Way. Tad —4A 20
Mead Pl. Croy —3F 11
Meadside Clo. Beck —3D 6
Meads, The. Mord —7F 3
Mead, The. Beck —3H 7
Mead, The. Wall —1A 16
Mead, The. W Wick —3J 13
Meadvale Rd. Croy —2J 11
Meadway. Beck —3H 7
Mead Way. Brom —1K 13
Mead Way. Coul —5B 22
Mead Way. Croy —4D 12
Meadway. Warl —3B 24
Meaford Way. SE20 —2A 6
Medland Clo. Wall —3H 9
Medmenham. Cars —5E 14 (off Pine Cres.)
Medway Clo. Croy —1B 12
Melbourne Clo. SE20 —2K 5
Melbourne Clo. Wall —7K 9
Melbourne Rd. SW19 —3B 2
Melbourne Rd. Wall —7J 9
Melfort Av. T Hth —5E 4
Melfort Rd. T Hth —5E 4
Meller Clo. Croy —5B 10
Mellison Rd. SW17 —1F 3
Mellow Clo. Bans —1C 20
Mellows Rd. Wall —7A 10
Melrose Av. SW16 —5D 4
Melrose Av. Mitc —2J 3
Melrose Rd. SW19 —3B 2

Melrose Rd. *Coul* —2J **21**
*Melrose Tudor. Wall —7B **10***
(off Plough La.)
Melsa Rd. *Mord* —1D **8**
Melton Ct. *Sutt* —2D **14**
Melville Av. *S Croy* —7J **11**
Melvin Rd. *SE20* —3B **6**
Menlo Gdns. *SE19* —2G **5**
Meopham Rd. *Mitc* —3K **3**
Merantun Way. *SW19* —3C **2**
Merebank La. *Croy* —7C **10**
Mere End. *Croy* —2C **12**
Merevale Cres. *Mord* —1D **8**
Merlewood Clo. *Cat* —7G **23**
Merlin Clo. *Croy* —6H **11**
Merlin Clo. *Mitc* —5F **3**
Merlin Gro. *Beck* —6E **6**
Merrow Way. *New Ad* —1H **19**
Merrymeet. *Bans* —1G **21**
Mersham Pl. *SE20* —3A **6**
Mersham Rd. *T Hth* —5G **5**
Merton Hall Gdns. *SW20* —3A **2**
Merton Hall Rd. *SW19* —2A **2**
Merton High St. *SW19* —2C **2**
Merton Ind. Pk. *SW19* —3C **2**
Merton Pk. Ind. Est. *SW19* —3C **2**
*Merton Pl. SW19 —3D **2***
(off Nelson Gro. Rd.)
Merton Rd. *SE25* —7K **5**
Merton Rd. *SW19* —2C **2**
Meteor Way. *Wall* —2B **16**
Metro Bus. Cen., The. *Beck* —1E **6**
Michael Rd. *SE25* —5H **5**
Mickleham Way. *New Ad* —2J **19**
Middle Clo. *Coul* —7D **22**
Middlefields. *Croy* —3D **18**
Middle Rd. *SW16* —4A **4**
Middlesex Rd. *Mitc* —7B **4**
Middle St. *Croy* —5F **11**
(in two parts)
Middleton Rd. *Mord & Cars* —1C **8**
Middle Way. *SW16* —4A **4**
Midholm Rd. *Croy* —4D **12**
Midhurst. *SE26* —1B **6**
Midhurst Av. *Croy* —2D **10**
Midway. *Sutt* —2A **8**
Milbury Grn. *Warl* —5J **25**
Mile Rd. *Wall* —3J **9**
Miles Rd. *Mitc* —5F **3**
Milestone Clo. *Sutt* —2E **14**
Milestone Rd. *SE19* —1J **5**
Milford Gdns. *Croy* —7C **6**
Milford Gro. *Sutt* —6D **8**
Mill Clo. *Cars* —4H **9**
Miller Clo. *Mitc* —2G **9**
Miller Rd. *SW19* —1E **2**
Miller Rd. *Croy* —3C **10**
Mill Grn. *Mitc* —2H **9**
Mill Grn. Bus. Pk. *Mitc* —2H **9**
Mill Grn. Rd. *Mitc* —2H **9**
Mill La. *Cars* —6G **9**
Mill La. *Croy* —5C **10**
Mill Rd. *SW19* —2D **2**
Millside. *Cars* —4G **9**
Mill View Gdns. *Croy* —5C **12**
Milne Pk. E. *New Ad* —5J **19**
Milne Pk. W. *New Ad* —5J **19**
Milner Pl. *Cars* —6H **9**
Milner Rd. *SW19* —3C **2**
Milner Rd. *Mord* —7E **2**
Milner Rd. *T Hth* —5G **5**
Milton Av. *Croy* —2G **11**
Milton Av. *Sutt* —5E **8**
Milton Clo. *Sutt* —5E **8**
Milton Ho. *Sutt* —5B **8**
Milton Rd. *SW19* —1D **2**
Milton Rd. *Cat* —7G **23**
Milton Rd. *Croy* —2G **11**
Milton Rd. *Mitc* —2H **3**
Milton Rd. *Sutt* —5B **8**
Milton Rd. *Wall* —1K **15**
Mina Rd. *SW19* —3B **2**
Minden Rd. *SE20* —3A **6**
Minden Rd. *Sutt* —4A **8**
Minehead Rd. *SW16* —1C **4**
Minshull Pl. *Beck* —2F **7**
Minster Av. *Sutt* —4B **8**
Minster Dri. *Croy* —6H **11**
Mint Rd. *Bans* —3D **20**
Mint Rd. *Wall* —6J **9**
Mint Wlk. *Croy* —5F **11**
Mint Wlk. *Warl* —4C **24**
Missenden Gdns. *Mord* —1D **8**
Mistletoe Clo. *Croy* —3C **12**
Mitcham Garden Village. *Mitc* —7H **3**
Mitcham La. *SW16* —1K **3**
Mitcham Pk. *Mitc* —6F **3**
Mitcham Rd. *SW17* —1G **3**
Mitcham Rd. *Croy* —1B **10**
Mitchley Av. *Purl & S Croy* —7F **17**
Mitchley Gro. *S Croy* —7K **17**
Mitchley Hill. *S Croy* —7H **17**
Mitchley View. *S Croy* —7K **17**
Mitre Clo. *Sutt* —2D **14**
Moffat Gdns. *Mitc* —5F **3**
Moffat Rd. *T Hth* —4F **5**
Moir Clo. *S Croy* —3K **17**
Molesey Dri. *Sutt* —5A **8**
Moliner Ct. *Beck* —2F **7**
Mollison Dri. *Wall* —2A **16**
Monahan Av. *Purl* —6C **16**
Monarch M. *SW16* —1D **4**
Monarch Pde. *Mitc* —4G **3**
Monivea Rd. *Beck* —2E **6**
Monkleigh Rd. *Mord* —5A **2**
Monksdene Gdns. *Sutt* —5C **8**
Monks Orchard Rd. *Beck* —3F **13**
Monks Rd. *Bans* —3B **20**
Monks Way. *Beck* —1F **13**
Monmouth Clo. *Mitc* —6B **4**
Montacute Rd. *Mord* —1E **8**
Montacute Rd. *New Ad* —3H **19**
Montague Av. *S Croy* —6H **17**
Montague Rd. *SW19* —2C **2**
Montague Rd. *Croy* —3E **10**
Montagu Gdns. *Wall* —6K **9**
Montana Clo. *S Croy* —4G **17**
Montana Gdns. *Sutt* —7D **8**
Montgomery Clo. *Mitc* —6B **4**
Montpelier Rd. *Purl* —4E **16**
Montpelier Rd. *Sutt* —6D **8**
Montrave Rd. *SE20* —1B **6**
Montrose Gdns. *Mitc* —4G **3**
Montrose Gdns. *Sutt* —4C **8**
Moore Clo. *Mitc* —4J **3**
Moore Clo. *Wall* —2B **16**
Moore Rd. *SE19* —1F **5**
Moore Way. *Sutt* —3B **14**
Moorsom Way. *Coul* —4A **22**
Morden Ct. *Mord* —6C **2**
Morden Ct. Pde. *Mord* —6C **2**
Morden Gdns. *Mitc* —6E **2**
Morden Hall Rd. *Mord* —5C **2**
Morden Rd. *SW19* —3C **2**
Morden Rd. *Mord & Mitc* —6D **2**
Morden Way. *Sutt* —2B **8**
More Clo. *Purl* —5D **16**
Moreton Rd. *S Croy* —7G **11**
Morland Av. *Croy* —3H **11**
Morland Clo. *Mitc* —5F **3**
Morland Rd. *SE20* —1C **6**
Morland Rd. *Croy* —3H **11**
Morland Rd. *Sutt* —7D **8**
Morley Rd. *S Croy* —4J **17**
Morley Rd. *Sutt* —3A **8**
Morris Clo. *Croy* —7D **6**
Mortimer Rd. *Mitc* —3G **3**
Mortlake Clo. *Croy* —5B **10**
Mortlake Dri. *Mitc* —3F **3**
Morton Gdns. *Wall* —7K **9**
Morton Rd. *Mord* —7E **2**
Moss Gdns. *S Croy* —2C **18**
Mosslea Rd. *SE20* —1B **6**
(in two parts)
Mosslea Rd. *Whyt* —3J **23**
Mossville Gdns. *Mord* —5A **2**
Mostyn Rd. *SW19* —3A **2**
*Mt. Arlington. Short —4K **7***
(off Park Hill Rd.)
Mountbatten Clo. *SE19* —1H **5**
Mountbatten Gdns. *Beck* —5D **6**
Mount Clo. *Cars* —3H **15**
Mount Clo. *Kenl* —3G **23**
Mount Ct. *W Wick* —4K **13**
Mounthurst Rd. *Brom* —2K **13**
Mount Pk. *Cars* —2H **15**
Mount Pk. Av. *S Croy* —3E **16**
Mount Rd. *Mitc* —4E **2**
Mount, The. *Coul* —1J **21**
Mount, The. *Warl* —6K **23**
Mount Way. *Cars* —3H **15**
Mountwood Clo. *S Croy* —4A **18**
Mowbray Ct. *SE19* —2J **5**
Mowbray Rd. *SE19* —3J **5**
Moys Clo. *Croy* —1B **10**
Moyser Rd. *SW16* —1J **3**
Muchelney Rd. *Mord* —1D **8**
Muggeridge Clo. *S Croy* —7G **11**
Mulberry Ho. *Short* —4K **7**
Mulberry La. *Croy* —3J **11**
Mulberry M. *Wall* —1K **15**
*Mulgrave Ct. Sutt —1C **14***
(off Mulgrave Rd.)
Mulgrave Rd. *Croy* —5G **11**
Mulgrave Rd. *Sutt* —2A **14**
Mulholland Clo. *Mitc* —4J **3**
Mullards Clo. *Mitc* —3G **9**
Munslow Gdns. *Sutt* —6E **8**
Muschamp Rd. *Cars* —4F **9**
Myrna Clo. *SW19* —2F **3**
Myrtle Rd. *Croy* —5F **13**
Myrtle Rd. *Sutt* —7D **8**

Nadine Ct. *Wall* —3K **15**
Namton Dri. *T Hth* —6C **4**
Napier Rd. *SE25* —6A **6**
Napier Rd. *S Croy* —2G **17**
Narrow La. *Warl* —6A **24**
Naseby Rd. *SE19* —1G **5**
Natal Rd. *SW16* —1A **4**
Natal Rd. *T Hth* —5G **5**
Neath Gdns. *Mord* —1D **8**
Nelson Clo. *Croy* —3E **10**
Nelson Gro. Rd. *SW19* —3D **2**
Nelson Ind. Est. *SW19* —3C **2**
Nelson Rd. *SW19* —2D **2**
Nelson Rd. M. *SW19* —2C **2**
Nesbitt Sq. *SE19* —2H **5**
Netherlands, The. *Coul* —6K **21**
Netley Clo. *New Ad* —2H **19**
Netley Gdns. *Mord* —2D **8**
Netley Rd. *Mord* —2D **8**
Nettlecombe Clo. *Sutt* —3C **14**
Nettlestead Clo. *Beck* —2E **6**
Nettlewood Rd. *SW16* —2A **4**
Neville Clo. *Bans* —1C **20**
Neville Rd. *Croy* —2G **11**
Neville Wlk. *Cars* —2F **9**
Newark Rd. *S Croy* —1G **17**
New Barn La. *Whyt* —3H **23**
New Barns Av. *Mitc* —6A **4**
New Clo. *SW19* —5D **2**
New Colebrooke Ct. Cars
*(off Stanley Rd.) —2H **15***
Newgate. *Croy* —3F **11**
Newhaven Rd. *SE25* —7G **5**
Newhouse Wlk. *Mord* —2D **8**
Newlands Pk. *SE26* —1B **6**
Newlands Rd. *SW16* —4B **4**
Newlands, The. *Wall* —2A **16**
Newlands Wood. *New Ad* —3E **18**
Newman Rd. *Croy* —3C **10**
Newman Rd. Ind. Est. *Croy* —2C **10**
Newminster Rd. *Mord* —1D **8**
Newnet Clo. *Cars* —3G **9**
Newnham Clo. *T Hth* —4F **5**
New Pl. *New Ad* —1F **19**
New Rd. *Mitc* —3G **9**
Newstead Wlk. *Cars* —2B **8**
Newton Ho. *SE20* —3C **6**
Newton Rd. *SW19* —2A **2**
Newton Rd. *Purl* —6K **15**
Nicholas Rd. *Croy* —6B **10**
Nicholson Rd. *Croy* —3J **11**
Nicola Clo. *S Croy* —1F **17**
Nightingale Clo. *Cars* —4H **9**
Nightingale Ct. *Short* —4K **7**
Nightingale Rd. *Cars* —5G **9**
Nightingale Rd. *S Croy* —5C **18**
Nimrod Rd. *SW16* —1J **3**
Nineacres Way. *Coul* —3B **22**
Ninehams Clo. *Cat* —7G **23**
Ninehams Gdns. *Cat* —7G **23**
Ninehams Rd. *Cat* —7G **23**
Nineteenth Rd. *Mitc* —6B **4**
Noble Ct. *Mitc* —4F **2**
Norbury Av. *SW16 & T Hth* —3C **4**
Norbury Clo. *SW16* —3D **4**
Norbury Ct. Rd. *SW16* —5B **4**
Norbury Cres. *SW16* —3C **4**
Norbury Cross. *SW16* —5B **4**
Norbury Hill. *SW16* —2D **4**
Norbury Rise. *SW16* —5B **4**
Norbury Rd. *T Hth* —4F **5**
Norbury Trad. Est. *SW16* —4C **4**
Norfolk Av. *S Croy* —4J **17**
Norfolk Ho. *Beck* —3B **6**
Norfolk Rd. *SW19* —2F **3**
Norfolk Rd. *T Hth* —5F **5**
Norhyrst Av. *SE25* —5J **5**
Nork Gdns. *Bans* —1A **20**
Nork Way. *Bans* —1A **20**
Norman Av. *S Croy* —4F **17**
Norman Rd. *SW19* —2D **2**
Norman Rd. *Sutt* —7B **8**
Norman Rd. *T Hth* —7E **4**
Normanton Rd. *S Croy* —1H **17**
North Acre. *Bans* —3A **20**
Northampton Rd. *Croy* —4K **11**
Northanger Rd. *SW16* —1B **4**
North Av. *Cars* —2H **15**
Northborough Rd. *SW16* —5A **4**
Northbrook Rd. *Croy* —7G **5**
North Clo. *Mord* —6A **2**
Northcote Rd. *Croy* —1G **11**
Northdale Ct. *SE25* —5J **5**
North Down. *S Croy* —5H **17**
Northdown Rd. *Sutt* —4B **14**
N. Downs Cres. *New Ad* —3G **19**
N. Downs Rd. *New Ad* —3G **19**
North End. *Croy* —4F **11**
Northernhay Wlk. *Mord* —6A **2**
Northey Av. *Sutt* —4A **14**
North Gdns. *SW19* —2E **2**
North Pl. *Mitc* —2G **3**
North Rd. *SW19* —1D **2**
North Rd. *W Wick* —3G **13**
Northspur Rd. *Sutt* —5B **8**
North St. *Cars* —5G **9**
Northumberland Gdns. *Mitc* —7A **4**
North Wlk. *New Ad* —1G **19**
(in two parts)
Northway. *Mord* —6A **2**
Northway. *Wall* —6K **9**
Northway Rd. *Croy* —1J **11**
Northwood Av. *Purl* —7D **16**
N. Wood Ct. *SE25* —5K **5**
Northwood Rd. *Cars* —1H **15**
Northwood Rd. *T Hth* —4E **4**
Northwood Way. *SE19* —1G **5**
Norton Gdns. *SW16* —4B **4**
Norwich Rd. *T Hth* —5F **5**
Noss Clo. *Sutt* —7F **9**
Notson Rd. *SE25* —6A **6**
Nottingham Rd. *S Croy* —6F **11**
Nova M. *Sutt* —3A **8**
Nova Rd. *Croy* —2E **10**
Nugent Rd. *SE25* —5J **5**
Nursery Av. *Croy* —4C **12**
Nursery Clo. *Croy* —4C **12**
Nursery Rd. *SW19* —4C **2**
Nursery Rd. *Sutt* —6D **8**
Nursery Rd. *T Hth* —6G **5**
Nutfield Clo. *Cars* —5F **9**
Nutfield Rd. *Coul* —3H **21**
Nutfield Rd. *T Hth* —6E **4**
Nutwell St. *SW17* —1F **3**

Oakapple Clo. *S Croy* —1A **24**
Oak Av. *Croy* —4F **13**
Oak Bank. *New Ad* —1H **19**
Oak Clo. *Sutt* —4D **8**
Oakdale Way. *Mitc* —2H **9**
Oakdene M. *Sutt* —3A **8**
Oakfield Cen. *SE20* —2A **6**
Oakfield Gdns. *Beck* —7G **7**
Oakfield Gdns. *Cars* —3F **9**
Oakfield Rd. *SE20* —2A **6**
Oakfield Rd. *Croy* —3F **11**
Oakfield Rd. Ind. Est. *SE20* —2A **6**
Oak Gdns. *Croy* —4F **13**
Oak Gro. *W Wick* —3H **13**
Oak Gro. Rd. *SE20* —3B **6**
Oakhill Rd. *SW16* —3C **4**
Oakhill Rd. *Beck* —4H **7**
Oakhill Rd. *Sutt* —5C **8**
Oakhurst Rise. *Cars* —4F **15**
Oaklands. *Beck* —3G **7**
Oaklands. *Kenl* —1F **23**
Oaklands Av. *T Hth* —6D **4**
Oaklands Av. *W Wick* —5G **13**
Oaklands Gdns. *Kenl* —1F **23**
Oaklands Rd. *Brom* —2K **7**
Oaklands Way. *Wall* —2A **16**
Oakleigh Way. *Mitc* —3J **3**
Oakley Av. *Croy* —6C **10**
Oakley Gdns. *Bans* —2C **20**
Oakley Rd. *SE25* —7A **6**
Oakley Rd. *Warl* —5K **23**
Oak Lodge Dri. *W Wick* —2G **13**
Oakmead Pl. *Mitc* —3F **3**
Oakmead Rd. *Croy* —1A **10**
Oak Row. *SW16* —4K **3**
Oaks La. *Croy* —5B **12**
Oaks Rd. *Croy* —7A **12**
Oaks Rd. *Kenl* —1E **22**
Oaks Track. *Cars & Wall* —5G **15**
Oaks Way. *Cars* —2G **15**
Oaks Way. *Kenl* —1F **23**
Oakview Gro. *Croy* —3D **12**
Oakway. *Brom* —4J **7**
Oak Way. *Croy* —1C **12**
Oakwood. *Wall* —3J **15**
Oakwood Av. *Beck* —4H **7**
Oakwood Av. *Mitc* —4E **2**
Oakwood Av. *Purl* —6E **16**
Oakwood Dri. *SE19* —1G **5**
Oakwood Gdns. *Sutt* —4B **8**
Oakwood Pl. *Croy* —1D **10**
Oakwood Rd. *Croy* —1D **10**
Oates Clo. *Brom* —5J **7**
Oatlands Rd. *Tad* —6A **20**
Oban Rd. *SE25* —6G **5**
Ockley Ct. *Sutt* —6D **8**
Ockley Rd. *Croy* —2C **10**
Octavia Clo. *Mitc* —7F **3**
Old Barn La. *Kenl* —3J **23**
Old Bromley Rd. *Brom* —1J **7**
Olden La. *Purl* —6D **16**
Old Farleigh Rd. *S Croy & Warl* —4B **18**
Oldfields Rd. *Sutt* —5A **8**
Oldfields Trad. Est. *Sutt* —5B **8**
Old Fox Clo. *Cat* —7E **22**
Old Lodge La. *Purl* —7C **16**
Old Oak Av. *Coul* —6F **21**
Old Pal. Rd. *Croy* —5E **10**
Old School Clo. *SW19* —4B **2**
Old School Clo. *Beck* —4D **6**
Old Swan Yd. *Cars* —6G **9**
Old Town. *Croy* —5E **10**
Old Westhall Clo. *Warl* —6B **24**
Oliver Av. *SE25* —5J **5**
Oliver Gro. *SE25* —6J **5**
Olive Rd. *SW19* —2D **2**
Oliver Rd. *Sutt* —6E **8**
Olley Clo. *Wall* —2B **16**
Olveston Wlk. *Cars* —1E **8**
Olyffe Dri. *Beck* —3H **7**
(in two parts)
Onslow Av. *Sutt* —4A **14**
Onslow Gdns. *S Croy* —6K **17**
Onslow Gdns. *Wall* —1K **15**
Onslow Rd. *Croy* —2D **10**
Orchard Av. *Croy* —3D **12**
Orchard Av. *Mitc* —3H **9**
Orchard Bus. Cen. *SE26* —1E **6**
Orchard Clo. *Bans* —1C **20**
Orchard Gdns. *Sutt* —7B **8**
Orchard Gro. *SE20* —2K **5**
Orchard Gro. *Croy* —2D **12**
Orchard Hill. *Cars* —7G **9**
Orchard Rise. *Croy* —3D **12**
Orchard Rd. *Mitc* —3H **9**
Orchard Rd. *S Croy* —1A **24**
Orchard Rd. *Sutt* —7B **8**
Orchard, The. *Bans* —2B **20**
Orchard Way. *Croy & Beck* —2D **12**
Orchard Way. *Sutt* —6E **8**
Orchid Mead. *Bans* —1C **20**
Oriel Clo. *Mitc* —6A **4**
Oriel Ct. *Croy* —3G **11**
Orion Cen., The. *Croy* —5B **10**
Orleans Rd. *SE19* —1G **5**
Ormerod Gdns. *Mitc* —4H **3**
Ormsby. *Sutt* —2C **14**
Osborne Clo. *Beck* —6D **6**
Osborne Gdns. *T Hth* —4F **5**
Osborne Pl. *Sutt* —7E **8**
Osborne Rd. *T Hth* —4F **5**
*Osborne Ter. SW17 —1H **3***
(off Church La.)
Osier Way. *Mitc* —7G **3**
Osmond Gdns. *Wall* —7K **9**
Osney Wlk. *Cars* —1E **8**
Osprey Ct. *Beck* —2F **7**
Osprey Gdns. *S Croy* —4C **18**
Ospringe Clo. *SE20* —2B **6**
Osterley Gdns. *T Hth* —4F **5**
Osward. *Croy* —4E **18**
(in three parts)
Otford Clo. *SE20* —3B **6**
Otterbourne Rd. *Croy* —4F **11**
Otterburn St. *SW17* —1G **3**
Outram Rd. *Croy* —4J **11**
Outwood La. *Tad & Coul* —7E **20**
Oval Rd. *Croy* —4G **11**
Oval, The. *Bans* —1B **20**
Overbrae. *Beck* —1F **7**
Overbury Av. *Beck* —5G **7**
Overbury Cres. *New Ad* —4H **19**
Overhill. *Warl* —6B **24**
Overhill Rd. *Purl* —3D **16**

Overhill Way. *Beck* —7J **7**
Overstand Clo. *Beck* —7F **7**
Overstone Gdns. *Croy* —2E **12**
Overton Ct. *Sutt* —2B **14**
Overton Rd. *Sutt* —1B **14**
Overtons Yd. *Croy* —5F **11**
Ovett Clo. *SE19* —1H **5**
Owen Clo. *Croy* —1G **11**
Owen Wlk. *SE20* —2K **5**
Owl Clo. *S Croy* —4C **18**
Ownstead Gdns. *S Croy* —5J **17**
Ownsted Hill. *New Ad* —4H **19**
Oxford Clo. *Mitc* —5K **3**
Oxford Rd. *SE19* —1G **5**
Oxford Rd. *Cars* —1F **15**
Oxford Rd. *Wall* —7K **9**
Oxlip Clo. *Croy* —3C **12**
Oxted Clo. *Mitc* —5E **2**
Oxtoby Way. *SW16* —3A **4**

Paddock Gdns. *SE19* —1H **5**
Paddock Pas. SE19 —1H **5**
(off Paddock Gdns.)
Paddocks, The. *New Ad* —7F **13**
Paddock Wlk. *Warl* —6A **24**
Padua Rd. *SE20* —3B **6**
Pageant Wlk. *Croy* —5H **11**
Page Cres. *Croy* —7E **10**
Pagehurst Rd. *Croy* —2A **12**
Paget Av. *Sutt* —5E **8**
Pain's Clo. *Mitc* —4J **3**
Paisley Rd. *Cars* —3E **8**
Palace Grn. *Croy* —2E **18**
Palace Gro. *SE19* —2J **5**
Palace Rd. *SE19* —2J **5**
Palace Sq. *SE19* —2J **5**
Palace View. *Croy* —6E **12**
Palestine Gro. *SW19* —3E **2**
Palmer Clo. *W Wick* —4J **13**
Palmersfield Rd. *Bans* —1B **20**
Palmers Rd. *SW16* —4C **4**
Palmerston Gro. *SW19* —2B **2**
Palmerston Rd. *SW19* —2B **2**
Palmerston Rd. *Cars* —6G **9**
Palmerston Rd. *Croy* —7G **5**
Palmerston Rd. *Sutt* —7D **8**
Pampisford Rd. *Purl & S Croy* —5D **16**
Papermill Clo. *Cars* —6H **9**
Parade, The. Cars —7G **9**
(off Beynon Rd.)
Parade, The. *Croy* —1B **10**
Parchmore Rd. *T Hth* —4E **4**
Parchmore Way. *T Hth* —4E **4**
Parfour Dri. *Kenl* —3F **23**
Parish La. *SE20* —1C **6**
Parish M. *SE20* —2C **6**
Park Av. *Cars* —1H **15**
Park Av. *Mitc* —2J **3**
Park Av. *W Wick* —4H **13**
Park Av. M. *Mitc* —2J **3**
Park Clo. *Cars* —1G **15**
Park Ct. *SE26* —1A **6**
Parker Rd. *Croy* —6F **11**
Parkfields. *Croy* —3E **12**
Parkfields Clo. *Cars* —6H **9**
Parkgate Rd. *Wall* —7H **9**
Parkham Ct. *Short* —4K **7**
Park Hill. *Cars* —1F **15**
Park Hill Clo. *Cars* —7F **9**
Park Hill Rise. *Croy* —4H **11**
Park Hill Rd. *Brom* —4K **7**
Park Hill Rd. *Croy* —6H **11**
Park Hill Rd. *Wall* —2J **15**
Parkhurst Rd. *Sutt* —6E **8**
Park La. *Cars & Wall* —6H **9**
Park La. *Croy* —5G **11**
Parkleigh Rd. *SW19* —4C **2**
Park Ley Rd. *Wold* —7C **24**
Park Mnr. Sutt —2D **14**
(off Christchurch Pk.)
Park Rd. *SE25* —6H **5**
Park Rd. *SW19* —1E **2**
Park Rd. *Bans* —2C **20**
Park Rd. *Beck* —2E **6**
Park Rd. *Hack* —4J **9**
Park Rd. *Kenl* —2F **23**
Park Rd. *Sutt* —1A **14**
Park Rd. *Wall* —7J **9**
Park Rd. *Warl* —1K **25**
Parkside Clo. *SE20* —2B **6**
Parkside Gdns. *Coul* —4J **21**
Park St. *Croy* —4F **11**
Park, The. *SE19* —2H **5**
Park, The. *Cars* —1G **15**
Park View Ct. *SE20* —3A **6**
Parkview Dri. *Mitc* —4E **2**
Park View Rd. *Croy* —3K **11**
Parkway. *New Ad* —3G **19**
Parkwood. *Beck* —2F **7**
Parkwood Rd. *SW19* —1A **2**
Parrs Clo. *S Croy* —3G **17**
Parry Rd. *SE25* —5H **5**
Parsley Gdns. *Croy* —3C **12**
Parsonage Clo. *Warl* —3D **24**
Parsons Mead. *Croy* —3E **10**
Partridge Knoll. *Purl* —7E **16**
Pathfield Rd. *SW16* —1A **4**
Path, The. *SW19* —3C **2**
Patricia Gdns. *Sutt* —5B **14**
Patterdale Clo. *Brom* —1K **7**
Patterson Ct. *SE19* —2J **5**
Patterson Rd. *SE19* —1J **5**
Paul Gdns. *Croy* —5J **11**
Pavement Sq. *Croy* —3K **11**
Pawleyne Clo. *SE20* —2B **6**
Pawsons Rd. *Croy* —1F **11**
Peabody Clo. *Croy* —3B **12**
Peace Clo. *SE25* —6H **5**
Peacock Gdns. *S Croy* —4D **18**
Peaks Hill. *Purl* —4A **16**
Peaks Hill Rise. *Purl* —4B **16**
Peall Rd. *Croy* —1C **10**
Peall Rd. Ind. Est. *Croy* —1C **10**
Pearce Clo. *Mitc* —4H **3**
Peartree Clo. *Mitc* —4F **3**
Peartree Clo. *S Croy* —1A **24**
Pelham Rd. *SW19* —2B **2**
Pelham Rd. *Beck* —4B **6**
Pelton Av. *Sutt* —4C **14**
Pembroke Clo. *Bans* —4C **20**
Pembroke Rd. *SE25* —6H **5**
Pembroke Rd. *Mitc* —4H **3**
Pembury Clo. *Coul* —1H **21**
Pembury Rd. *SE25* —6K **5**
Pemdevon Rd. *Croy* —2D **10**
Pendle Rd. *SW16* —1J **3**
Penfold Clo. *Croy* —5D **10**
Penge La. *SE20* —2B **6**
Penge Rd. *SE25 & SE20* —5K **5**
Penistone Rd. *SW16* —2B **4**
Pennycroft. *Croy* —3D **18**
Penny Royal. *Wall* —1A **16**
Penrith Clo. *Beck* —3G **7**
Penrith Rd. *T Hth* —4F **5**
Penrith St. *SW16* —1K **3**
Penshurst Rd. *T Hth* —7E **4**
Penshurst Way. *Sutt* —3B **14**
Pentlands Clo. *Mitc* —5J **3**
Penwortham Rd. *SW16* —1J **3**
Penwortham Rd. *S Croy* —4G **17**
Peppermint Clo. *Croy* —2B **10**
Percy Rd. *SE20* —3C **6**
Percy Rd. *SE25* —7K **5**
Percy Rd. *Mitc* —2H **9**
Peregrine Gdns. *Croy* —4D **12**
Pershore Gro. *Cars* —1E **8**
Perth Rd. *Beck* —4H **7**
Peterborough Rd. *Cars* —1F **9**
Petersfield Cres. *Coul* —2B **22**
Petersham Clo. *Sutt* —7B **8**
Petersham Ter. Mitc —5B **10**
(off Richmond Grn.)
Peterwood Pk. *Croy* —4C **10**
Peterwood Way. *Croy* —4C **10**
Petworth Clo. *Coul* —6K **21**
Pharaoh Clo. *Mitc* —2G **9**
Pheasant Clo. *Purl* —7E **16**
Philip Gdns. *Croy* —4E **12**
Philips Clo. *Cars* —3H **9**
Phipps Bri. Rd. *SW19 & Mitc* —4D **2**
Phoenix Clo. *W Wick* —4J **13**
Phoenix Ct. *S Croy* —7J **11**
Phoenix Ho. *Sutt* —6C **8**
Phoenix Rd. *SE20* —1B **6**
Pickering Gdns. *Croy* —1J **11**
Pickhurst Grn. *Brom* —2K **13**
Pickhurst La. *W Wick & Brom* —7K **7**
Pickhurst Mead. *Brom* —2K **13**
Pickhurst Pk. *Brom* —1K **13**
Pickhurst Rise. *W Wick* —3J **13**
Picquets Way. *Bans* —3A **20**
Pilgrim Clo. *Mord* —2C **8**
Pilgrims Way. *S Croy* —7J **11**
Pilton Est., The. *Croy* —4E **10**
Pincott Rd. *SW19* —2D **2**
Pine Av. *W Wick* —3G **13**
Pine Clo. *SE20* —3B **6**
Pine Clo. *Kenl* —4G **23**
Pine Coombe. *Croy* —6C **12**
Pine Cres. *Cars* —5E **14**
Pine Gro. *SW19* —1A **2**
Pine Ridge. *Cars* —3H **15**
Pines, The. *SE19* —2E **4**
Pines, The. *Coul* —5J **21**
Pines, The. *Purl* —7F **17**
Pine Wlk. *Bans* —4G **21**
Pine Wlk. *Cars* —4E **14**
Pine Wlk. E. *Cars* —5E **14**
Pine Wlk. W. *Cars* —4E **14**
Pinewood Clo. *Croy* —5D **12**
Pioneer Pl. *Croy* —3F **19**
Pioneers Ind. Pk. *Croy* —3B **10**
Piper's Gdns. *Croy* —2D **12**
Pipewell Rd. *Cars* —1F **9**
Pippin Clo. *Croy* —3E **12**
Piquet Rd. *SE20* —4B **6**
Pirbright Cres. *New Ad* —1H **19**
Pitcairn Rd. *Mitc* —2G **3**
Pitlake. *Croy* —4E **10**
Pitt Rd. *T Hth & Croy* —7F **5**
Pittville Gdns. *SE25* —5K **5**
Pixton Way. *Croy* —3D **18**
Placehouse La. *Coul* —6C **22**
Plane Ho. *Short* —4K **7**
Plane Tree Wlk. *SE19* —1H **5**
Plantation La. *Warl* —6D **24**
Plawsfield Rd. *Beck* —3C **6**
Playground Clo. *Beck* —4C **6**
Pleasant Gro. *Croy* —5E **12**
Plesman Way. *Wall* —3B **16**
Pleydell Av. *SE19* —2J **5**
Plough La. *Purl* —3C **16**
Plough La. *Wall* —6B **10**
Plough La. Clo. *Wall* —7B **10**
Plummer La. *Mitc* —4G **3**
Plumpton Way. *Cars* —5F **9**
Plumtree Clo. *Wall* —2A **16**
Pole Cat All. *Brom* —4K **13**
Pollard Rd. *Mord* —7E **2**
Pollards Cres. *SW16* —5B **4**
Pollards Hill E. *SW16* —5C **4**
Pollards Hill N. *SW16* —5B **4**
Pollards Hill S. *SW16* —5B **4**
Pollards Hill W. *SW16* —5C **4**
Pollards Wood Rd. *SW16* —5B **4**
Polworth Rd. *SW16* —1B **4**
Pond Cottage La. *W Wick* —3F **13**
Pondfield Ho. *SE27* —1F **5**
Pondfield Rd. *Brom* —3K **13**
Pondfield Rd. *Kenl* —3E **22**
Pool Clo. *Beck* —1F **7**
Pope Clo. *SW19* —1E **2**
Popes Gro. *Croy* —5E **12**
Poplar Av. *Mitc* —3G **3**
Poplar Rd. *SW19* —4B **2**
Poplar Rd. *Sutt* —3A **8**
Poplar Rd. S. *SW19* —5B **2**
Poplar Wlk. *Croy* —3F **11**
Poppy Clo. *Wall* —3H **9**
Poppy La. *Croy* —2B **12**
Porchester Mead. *Beck* —1F **7**
Porchfield Clo. *Sutt* —4C **14**
Portland Pl. SE25 —6K **5**
(off Portland Rd.)
Portland Rd. *SE25* —6K **5**
Portland Rd. *Mitc* —4F **3**
Portley La. *Cat* —7H **23**
Portley Wood Rd. *Whyt* —7J **23**
Portnalls Clo. *Coul* —3J **21**
Portnalls Rise. *Coul* —3K **21**
Portnalls Rd. *Coul* —5J **21**
Postmill Clo. *Croy* —5B **12**
Potter Clo. *Mitc* —4J **3**
Potters Clo. *Croy* —3D **12**
Potter's La. *SW16* —1A **4**
Poulton Av. *Sutt* —5E **8**
Pound Rd. *Bans* —4B **20**
Pound St. *Cars* —7G **9**
Powell Clo. *Wall* —2B **16**
Precincts, The. *Mord* —1B **8**
Prescott Clo. *SW16* —2B **4**
Preshaw Cres. *Mitc* —5F **3**
Prestbury Cres. *Bans* —3G **21**
Preston Rd. *SE19* —1E **4**
Prestwood Gdns. *Croy* —2F **11**
Pretoria Rd. *SW16* —1J **3**
Pretty La. *Coul* —7J **21**
Price Rd. *Croy* —7E **10**
Prickley Wood. *Brom* —3K **13**
Priddy's Yd. *Croy* —4F **11**
Pridham Rd. *T Hth* —6G **5**
Priestley Rd. *Mitc* —4H **3**
Primrose Clo. *Mitc* —2J **9**
Primrose La. *Croy* —3B **12**
Prince Charles Way. *Wall* —5J **9**
Prince Georges Rd. *SW19* —3E **2**
Prince of Wales Rd. *Sutt* —4E **8**
Prince Rd. *SE25* —7H **5**
Princes Av. *Cars* —2G **15**
Princes Av. *S Croy* —2A **24**
Princes Clo. *S Croy* —2A **24**
Princes Rd. *SE20* —1C **6**
Prince's Rd. *SW19* —1B **2**
Princess Rd. *Croy* —1F **11**
Princes St. *Sutt* —6E **8**
Princes Way. *Croy* —7C **10**
Princes Way. *W Wick* —6K **13**
Pringle Gdns. *Purl* —4C **16**
Prior Av. *Sutt* —2F **15**
Priory Clo. *SW19* —3C **2**
Priory Clo. *Beck* —5D **6**
Priory Cres. *SE19* —2F **5**
Priory Gdns. *SE25* —6J **5**
Priory Rd. *SW19* —2E **2**
Priory Rd. *Croy* —2D **10**
Priory, The. *Croy* —6D **10**
Proctor Clo. *Mitc* —3H **3**
Progress Bus. Pk., The. *Croy* —4C **10**
Progress Way. *Croy* —4C **10**
Promenade de Verdun. *Purl* —5A **16**
Puffin Clo. *Beck* —7C **6**
Pump Pail N. *Croy* —5F **11**
Pump Pail S. *Croy* —5F **11**
Purcell Clo. *Kenl* —1F **23**
Purley Bury Av. *Purl* —5F **17**
Purley Bury Clo. *Purl* —5F **17**
Purley Cross. (Junct.) —5D **16**
Purley Downs Rd. *Purl & S Croy* —4F **17**
Purley Hill. *Purl* —6E **16**
Purley Knoll. *Purl* —5C **16**
Purley Oaks Rd. *S Croy* —3G **17**
Purley Pde. *Purl* —5D **16**
Purley Pk. Rd. *Purl* —4E **16**
Purley Rise. *Purl* —6C **16**
Purley Rd. *Purl* —5D **16**
Purley Rd. *S Croy* —2G **17**
Purley Vale. *Purl* —7E **16**
Purley View Ter. S Croy —3G **17**
(off Sanderstead Rd.)
Purley Way. *Croy & Purl* —2C **10**
Purley Way Cen., The. *Croy* —4D **10**
Purley Way Corner. *Croy* —2C **10**
Purley Way Cres. *Croy* —2C **10**
Pylbrook Rd. *Sutt* —5B **8**
Pylon Way. *Croy* —3B **10**
Pytchley Cres. *SE19* —1F **5**

Quadrant Rd. *T Hth* —6E **4**
Quadrant, The. *SW20* —3A **2**
Quadrant, The. *Sutt* —1D **14**
Quail Gdns. *S Croy* —4D **18**
Quarr Rd. *Cars* —1F **9**
Quarry Pk. Rd. *Sutt* —1A **14**
Quarry Rise. *Sutt* —1A **14**
Queen Adelaide Ct. *SE20* —1B **6**
Queen Adelaide Rd. *SE20* —1B **6**
Queen Alexandra's Ct. *SW19* —1A **2**
Queen Anne Av. *Brom* —5K **7**
Queen Anne's Gdns. *Mitc* —5G **3**
Queen Elizabeth Gdns. *Mord* —6B **2**
Queen Elizabeth's Dri. *New Ad* —3J **19**
Queen Elizabeth's Gdns. *New Ad* —4J **19**
Queen Elizabeth's Wlk. *Wall* —6A **10**
Queenhill Rd. *S Croy* —4A **18**
Queen Mary Rd. *SE19* —1E **4**
Queen Mary's Av. *Cars* —2G **15**
Queens Clo. *Wall* —7J **9**
Queensland Av. *SW19* —3C **2**
Queens Mead Rd. *Brom* —4K **7**
Queens Pl. *Mord* —6B **2**
Queens Rd. *SW19* —1A **2**
Queens Rd. *Beck* —4D **6**
Queens Rd. *Croy* —1E **10**
Queen's Rd. *Mitc* —5E **2**
Queens Rd. *Mord* —6B **2**
Queen's Rd. *Sutt* —4B **14**
Queens Rd. *Wall* —7J **9**
Queen St. *Croy* —6F **11**
Queensway. *Croy* —7C **10**
Queensway. *W Wick* —5K **13**
Queenswood Av. *T Hth* —7D **4**
Queenswood Av. *Wall* —6A **10**
Quicks Rd. *SW19* —2C **2**
Quintin Av. *SW20* —3A **2**
Quinton Clo. *Beck* —5H **7**
Quinton Clo. *Wall* —6J **9**

Rackham M. *SW16* —1K **3**
Radcliffe Gdns. *Cars* —2F **15**
Radcliffe Rd. *Croy* —4J **11**
Radnor Clo. *Mitc* —6B **4**
Radnor Ter. *Sutt* —2B **14**
Radnor Wlk. *Croy* —1D **12**
Raglan Ct. *S Croy* —7E **10**
Railpit La. *Warl* —2K **25**
Railway App. *Wall* —7J **9**
Railway Pl. *SW19* —1A **2**
Railway Ter. Coul —2A **22**
(off Station App.)
Raleigh Av. *Wall* —6A **10**
Raleigh Ct. *Beck* —3G **7**
Raleigh Ct. *Wall* —1J **15**
Raleigh Gdns. *Mitc* —5G **3**
(in two parts)
Raleigh Rd. *SE20* —2C **6**
Ralph Perring Ct. *Beck* —6F **7**
Rama Clo. *SW16* —2B **4**
Rame Clo. *SW17* —1H **3**
Ramsdale Rd. *SW17* —1H **3**
Ramsey Rd. *T Hth* —1C **10**
Ranfurly Rd. *Sutt* —4B **8**
Ranmore Av. *Croy* —5J **11**
Rathbone Sq. *Croy* —6F **11**
Ravensbourne Av. *Beck & Brom* —2J **7**
Ravensbourne Ho. *Brom* —1J **7**
Ravensbury Av. *Mord* —7D **2**
Ravensbury Ct. Mitc —6E **2**
(off Ravensbury Gro.)
Ravensbury Gro. *Mitc* —6E **2**
Ravensbury La. *Mitc* —6E **2**
Ravensbury Path. *Mitc* —6E **2**
Ravenscroft Rd. *Beck* —4B **6**
Ravensdale Gdns. *SE19* —2G **5**
Ravenshead Clo. *S Croy* —5B **18**
Ravensmead Rd. *Brom* —2J **7**
Ravens Wold. *Kenl* —2F **23**
Ravenswood Av. *W Wick* —3H **13**
Ravenswood Cres. *W Wick* —3H **13**
Ravenswood Rd. *Croy* —5E **10**
Rawlins Clo. *S Croy* —2E **18**
Rawnsley Av. *Mitc* —7E **2**
Rayleigh Rise. *S Croy* —1H **17**
Rayleigh Rd. *SW19* —3A **2**
Raymead Av. *T Hth* —7D **4**
Raymond Ct. *Sutt* —1C **14**
Raymond Rd. *SW19* —1A **2**
Raymond Rd. *Beck* —6D **6**
Rays Rd. *W Wick* —2H **13**
Readens, The. *Bans* —3F **21**
Reading Rd. *Sutt* —7D **8**
Reads Rest La. *Tad* —7B **20**
Recreation Rd. *Brom* —4K **7**
Recreation Way. *Mitc* —5B **4**
Rectory Ct. *Wall* —6K **9**
Rectory Gdns. *Beck* —3F **7**
Rectory Grn. *Beck* —3E **6**
Rectory Gro. *Croy* —4E **10**
Rectory La. *SW17* —1H **3**
Rectory La. *Bans* —2G **21**
Rectory La. *Wall* —6K **9**
Rectory Pk. *S Croy* —7H **17**
Rectory Rd. *Beck* —3F **7**
Rectory Rd. *Sutt* —5B **8**
Redbarn Clo. *Purl* —5E **16**
Redclose Av. *Mord* —7B **2**
Redcourt. *Croy* —5H **11**
Reddington Clo. *S Croy* —3G **17**
Reddons Rd. *Beck* —2D **6**
Reddown Rd. *Coul* —5A **22**
Redford Av. *Coul* —2J **21**
Redford Av. *T Hth* —6C **4**
Redford Av. *Wall* —1B **16**
Redgrave Clo. *Croy* —1J **11**
Redhouse Rd. *Croy* —1A **10**
Redlands. *Coul* —3B **22**
Redlands, The. *Beck* —4G **7**
Red Lodge. *W Wick* —3H **13**
Red Lodge Rd. *W Wick* —3H **13**
Redroofs Clo. *Beck* —3G **7**
Redruth Ho. *Sutt* —2C **14**
Redstart Clo. *New Ad* —4J **19**
Redvers Rd. *Warl* —5C **24**
Redwing Clo. *S Croy* —5C **18**
Redwood Clo. *Kenl* —1F **23**
Reedham Dri. *Purl* —7C **16**
Reedham Pk. Av. *Purl* —3D **22**
Rees Gdns. *Croy* —1J **11**
Reeves Corner. *Croy* —4E **10**

Regal Cres. Wall —5J 9
Regency Ct. Sutt —6C 8
Regency M. Beck —3H 7
Regency Wlk. Croy —1D 12
Regent Pl. SW19 —1D 2
Regent Pl. Croy —3J 11
Regents Clo. S Croy —1H 17
Regents Clo. Whyt —5H 23
Regina Ho. SE20 —3C 6
Regina Rd. SE25 —5K 5
Reid Av. Cat —7G 23
Reid Clo. Coul —3J 21
Reigate Av. Sutt —3B 8
Reigate Way. Wall —7B 10
Relko Gdns. Sutt —7E 8
Rendle Clo. Croy —7J 5
Renmuir St. SW17 —1G 3
Renown Clo. Croy —3E 10
Repton Clo. Cars —7F 9
Repton Ct. Beck —3G 7
Restmor Way. Wall —4H 9
Retreat, The. T Hth —6G 5
Revell Rd. Sutt —1A 14
Revesby Rd. Cars —1F 9
Rewley Rd. Cars —1E 8
Reynard Dri. SE19 —2J 5
Reynolds Clo. SW19 —3E 2
Reynolds Clo. Cars —3G 9
Reynolds Way. Croy —6H 11
Rheingold Way. Wall —3B 16
Rhodesmoor Ho. Ct. Mord —1B 8
Rialto Rd. Mitc —4H 3
Ribblesdale Rd. SW16 —1J 3
Richard Sharples Ct. Sutt —2D 14
Richland Av. Coul —1H 21
Richmond Av. SW20 —3A 2
Richmond Grn. Croy —5B 10
Richmond Rd. Coul —2J 21
Richmond Rd. Croy —5B 10
Richmond Rd. T Hth —5E 4
Rickman Hill. Coul —4J 21
Rickman Hill Rd. Coul —5J 21
Riddlesdown Av. Purl —6F 17
Riddlesdown Rd. Purl —4F 17
Ridge Ct. Warl —5K 23
Ridge Langley. S Croy —3K 17
Ridgemount Av. Coul —4J 21
Ridgemount Av. Croy —3C 12
Ridgemount Clo. SE20 —2A 6
Ridge Pk. Purl —4A 16
Ridge Rd. Mitc —2J 3
Ridge Rd. Sutt —3A 8
Ridge, The. Coul —1B 22
Ridge, The. Purl —4A 16
Ridge Way. SE19 —1H 5
Ridgeway, The. Croy —5C 10
Ridge Way, The. S Croy —4H 17
Ridgway Pl. SW19 —1A 2
Ridgway, The. Sutt —1E 14
Riding Hill. S Croy —7K 17
Ridings, The. Tad —7A 20
Ridley Ct. SW16 —1B 4
Ridley Rd. SW19 —2C 2
Ridley Rd. Warl —5B 24
Ridsdale Rd. SE20 —3A 6
Riesco Dri. Croy —1B 18
Rigby Clo. Croy —5D 10
Ringstead Rd. Sutt —6E 8
Ringwold Clo. Beck —2D 6
Ringwood Av. Croy —2B 10
Ripley Clo. New Ad —1H 19
Ripley Ct. Mitc —4E 2
Ripley Gdns. Sutt —6D 8
Rise, The. S Croy —3B 18
Ritchie Rd. Croy —1A 12
River Gdns. Cars —4H 9
River Gro. Pk. Beck —3E 6
Riverhead Dri. Sutt —4B 14
River Pk. Gdns. Brom —2J 7
Riverside Clo. Wall —5J 9
Riverside Dri. Mitc —7F 3
Riverside M. Croy —5B 10
Riverside Wlk. W Wick —3G 13
Robertsbridge Rd. Cars —3D 8
Roberts Ct. SE20 —3B 6 (off Maple Rd.)
Robert St. Croy —5F 11
Robinhood Clo. Mitc —6K 3
Robinhood La. Mitc —5K 3
Robin Hood La. Sutt —7B 8
Robin's Ct. Beck —4J 7
Robinson Rd. SW17 & SW19 —1F 3
Roche Rd. SW16 —3C 4
Rochester Clo. SW16 —2B 4
Rochester Gdns. Croy —5H 11
Rochester Rd. Cars —6G 9
Roche Wlk. Cars —1E 8
Rochford Way. Croy —1B 10
Rockhampton Rd. S Croy —1H 17
Rockmount Rd. SE19 —1G 5
Roden Gdns. Croy —1H 11
Rodney Clo. Croy —3E 10
Rodney Pl. SW19 —3D 2
Rodney Rd. Mitc —5F 3
Roe Way. Wall —1B 16
Roffey Clo. Purl —3E 22
Rogers Clo. Coul —5E 22
Rogers La. Warl —5E 24
Roke Clo. Kenl —1F 23
Rokell Ho. Beck —1G 7 (off Beckenham Hill Rd.)
Roke Lodge Rd. Kenl —7E 16
Roke Rd. Kenl —2F 23
Rolleston Rd. S Croy —2G 17
Romanhurst Av. Brom —6K 7
Romanhurst Gdns. Brom —6K 7
Roman Ind. Est. Croy —2H 11
Roman Rise. SE19 —1G 5
Roman Way. Croy —4E 10
Romany Gdns. Sutt —2B 8
Ronald Clo. Beck —7E 6
Rookley Clo. Sutt —3C 14
Rookstone Rd. SW17 —1G 3
Rookwood Av. Wall —6A 10
Roper Way. Mitc —4H 3
Rosamund Clo. S Croy —6G 11
Rose Av. Mitc —3G 3
Rose Av. Mord —7D 2
Rosebank. SE20 —2A 6
Roseberry Av. T Hth —4F 5
Rosebery Gdns. Sutt —6C 8
Rosebery Rd. Sutt —1A 14
Rosebriars. Cat —7H 23
Rosecourt Rd. Croy —1C 10
Rosedene Av. Croy —2B 10
Rosedene Av. Mord —7B 2
Rosefield Clo. Cars —7F 9
Rosehill. Sutt —4C 8
Rosehill Av. Sutt —3D 8
Rosehill Ct. Mord —2D 8 (off St Helier Av.)
Rosehill Ct. Pde. Mord —2D 8 (off St Helier Av.)
Rosehill Farm Meadow. Bans —2C 20
Rosehill Gdns. Sutt —4C 8
Rose Hill Pk. W. Sutt —3D 8
Rose Hill Roundabout. (Junct.) —2D 8
Rosemary Clo. Croy —1B 10
Rosemead Av. Mitc —5K 3
Rosery, The. Croy —1C 12
Rose Wlk. Purl —5A 16
Rose Wlk. W Wick —4H 13
Rosewell Clo. SE20 —2A 6
Rosewood. Sutt —4D 14
Rosewood Gro. Sutt —4D 8
Roshni Ho. SW17 —1F 3
Roslyn Clo. Mitc —4E 2
Rossdale. Sutt —7F 9
Rossetti Gdns. Coul —5C 22
Rossignol Gdns. Cars —4H 9
Rosslyn Clo. W Wick —5K 13
Ross Pde. Wall —1J 15
Ross Rd. SE25 —5G 5
Ross Rd. Wall —7K 9
Rosswood Gdns. Wall —1K 15
Rostrevor Rd. SW19 —1B 2
Rotherfield Rd. Cars —6H 9
Rotherhill Av. SW16 —1A 4
Rothermere Rd. Croy —7C 10
Rothesay Av. SW20 —4A 2
Rothesay Rd. SE25 —6G 5
Rougemont Av. Mord —1B 8
Round Gro. Croy —2C 12
Roundshaw Cen. Wall —2B 16 (off Mollison Dri.)
Rowan Clo. SW16 —3K 3
Rowan Cres. SW16 —3K 3
Rowan Gdns. Croy —5J 11
Rowan Ho. Hay —4K 7
Rowan Rd. SW16 —4K 3
Rowden Rd. Beck —3D 6
Rowdown Cres. New Ad —3J 19
Rowland Way. SW19 —3C 2
Roxton Gdns. Croy —7F 13
Royal Wlk. Wall —4J 9
Royston Av. Sutt —5E 8
Royston Av. Wall —6A 10
Royston Rd. SE20 —3C 6
Ruffetts Clo. S Croy —2A 18
Ruffetts, The. S Croy —2A 18
Ruffetts Way. Tad —5A 20
Runes Clo. Mitc —6E 2
Runnymede. SW19 —3E 2
Runnymede Cres. SW16 —3A 4
Rural Way. SW16 —2J 3
Rushden Clo. SE19 —2G 5
Rushen Wlk. Cars —3E 8
Rushmead Clo. Croy —6J 11
Rushmon Pl. Cheam —1A 14
Rush, The. SW19 —4A 2 (off Kingston Rd.)
Rushy Meadow La. Cars —5F 9
Ruskin Rd. Cars —7G 9
Ruskin Rd. Croy —4E 10
Ruskin Way. SW19 —3E 2
Russell Clo. Beck —5H 7
Russell Ct. SW16 —1C 4
Russell Ct. S Croy —4D 16
Russell Ct. Wall —7K 9 (off Ross Rd.)
Russell Grn. Clo. Purl —4D 16
Russell Hill. Purl —4C 16
Russell Hill Pl. Purl —5D 16
Russell Hill Rd. Purl —5D 16
Russell Rd. SW19 —2B 2
Russell Rd. Mitc —5F 3
Russell Way. Sutt —7C 8
Russet Dri. Croy —3D 12
Rusthall Clo. Croy —7B 6
Rustic Av. SW16 —2J 3
Rustington Wlk. Mord —2A 8
Rutherford Clo. Sutt —1E 14
Rutherwick Rise. Coul —4B 22
Rutland Clo. SW19 —2F 3
Rutland Dri. Mord —1A 8
Rutland Gdns. Croy —6H 11
Rutland Rd. SW19 —2F 3
Rutlish Rd. SW19 —3B 2
Rutter Gdns. Mitc —6D 2
Ryan Ct. SW16 —2B 4
Rydal Clo. Purl —7G 17
Rydal Dri. W Wick —4K 13
Rydon's La. Coul —7F 23
Rydon's Wood Clo. Coul —7F 23
Ryecroft Lodge. SW16 —1E 4
Ryecroft Rd. SW16 —1D 4
Ryefield Rd. SE19 —1F 5
Rylandes Rd. S Croy —3A 18
Rymer Rd. Croy —2H 11

Sackville Rd. Sutt —2B 14
Sadler Clo. Mitc —4G 3
Saffron Clo. Croy —1B 10
Sainsbury Rd. SE19 —1H 5
St Agatha's Gro. Cars —3G 9
St Alban's Gro. Cars —2F 9
St Alban's Rd. Sutt —6A 8
St Andrews Ct. Sutt —5F 9
St Andrew's Rd. Cars —5F 9
St Andrew's Rd. Coul —3H 21
St Andrew's Rd. Croy —6F 11
St Anne's Ct. W Wick —6K 13
St Ann's Way. S Croy —1E 16
St Arvan's Clo. Croy —5H 11
St Aubyn's Rd. SE19 —1J 5
St Augustine's Av. S Croy —1F 17
St Barnabas Clo. Beck —4H 7
St Barnabas Rd. Mitc —2H 3
St Barnabas Rd. Sutt —7E 8
St Benet's Gro. Cars —2D 8
St Bernards. Croy —5H 11
St Christopher's Gdns. T Hth —5D 4
St Christopher's M. Wall —7K 9
St Clair's Rd. Croy —4H 11
St David's. Coul —4C 22
St David's Clo. W Wick —2G 13
St Dunstan's. (Junct.) —1A 14
St Dunstan's Hill. Sutt —7A 8
St Dunstan's La. Beck —1H 13
St Dunstan's Rd. SE25 —6J 5
St Edward's Clo. New Ad —5J 19
St George's Rd. SW19 —1A 2 (in two parts)
St George's Rd. Beck —3G 7
St George's Rd. Mitc —5J 3
St George's Rd. Wall —7J 9
St George's Wlk. Croy —5F 11
St Helen's Cres. SW16 —3C 4
St Helen's Rd. SW16 —3C 4
St Helier Av. Mord —2D 8
St Hugh's Rd. SE20 —3A 6
St James Av. Beck —5D 6
St James Av. Sutt —7B 8
St James Rd. Cars —5F 9
St James Rd. Mitc —2H 3
St James Rd. Purl —7E 16
St James Rd. Sutt —7B 8
St James's Av. Beck —5D 6
St James's Pk. Croy —2F 11
St James's Rd. Croy —2E 10
St John's Cotts. SE20 —2B 6
St John's Hill. Coul —4D 22 (in two parts)
St John's Hill. Purl —3D 22
St John's Rd. SE20 —1B 6
St John's Rd. Cars —5F 9
St John's Rd. Croy —5E 10
St John's Rd. Sutt —4C 8
St Leonard's Rd. Croy —5E 10
St Leonard's Wlk. SW16 —2C 4
St Luke's Clo. SE25 —1A 12
St Luke's Rd. Whyt —5J 23
St Margaret's Av. Sutt —5A 8
St Mark's Pl. SW19 —1A 2
St Mark's Rd. SE25 —6K 5
St Marks Rd. Mitc —4G 3
St Mary Av. Wall —5J 9
St Mary's Av. Brom —5K 7
St Mary's Ct. Wall —6K 9
St Mary's Rd. SE25 —5H 5
St Mary's Rd. SW19 —1A 2
St Mary's Rd. S Croy —4G 17
St Merryn Ct. Beck —2F 7
St Michael's Rd. Croy —3F 11
St Michael's Rd. Wall —1K 15
St Monica's Rd. Tad —7A 20
St Nicholas Cen. Sutt —7C 8
St Nicholas Glebe. SW17 —1H 3
St Nicholas Rd. Sutt —7C 8
St Nicholas Way. Sutt —6C 8
St Olaves Wlk. SW16 —4K 3
St Oswald's Rd. SW16 —3E 4
St Paul's Clo. Cars —3F 9
St Paul's Rd. T Hth —5F 5
St Peter's Rd. Croy —6G 11
St Peter's St. S Croy —7G 11
St Saviour's Rd. Croy —1F 11
St Stephen's Cres. T Hth —5D 4
St Winifreds. Kenl —2F 23
Salcot Cres. New Ad —4H 19
Salcott Rd. Croy —5B 10
Salem Pl. Croy —5F 11
Salisbury Av. Sutt —1A 14
Salisbury Ct. Cars —7G 9
Salisbury Gdns. SW19 —2A 2
Salisbury Rd. SE25 —1K 11
Salisbury Rd. SW19 —2A 2
Salisbury Rd. Bans —1C 20
Salisbury Rd. Cars —1G 15
Salmons La. Whyt —7H 23
Salmons La. W. Cat —7H 23
Saltash Clo. Sutt —6A 8
Salterford Rd. SW17 —1H 3
Salter's Hill. SE19 —1G 5
Samos Rd. SE20 —4A 6
Sanctuary, The. Mord —1B 8
Sandbourne Av. SW19 —4C 2
Sandersfield Gdns. Bans —2B 20
Sandersfield Rd. Bans —2C 20
Sanderstead Ct. Av. S Croy —7K 17
Sanderstead Hill. S Croy —5H 17
Sanderstead Rd. S Croy —2G 17
Sandfield Gdns. T Hth —5E 4
Sandfield Rd. T Hth —5E 4
Sandhills. Wall —6A 10
Sandhurst Clo. S Croy —3H 17
Sandhurst Way. S Croy —2H 17
Sandiford Rd. Sutt —4A 8
Sandilands. Croy —4K 11
Sandown Ct. Sutt —2C 14
Sandown Dri. Cars —3H 15
Sandown Rd. SE25 —7A 6
Sandown Rd. Coul —3H 21
Sandpiper Rd. S Croy —5C 18
Sandpit Rd. Brom —1K 7
Sandpits Rd. Croy —6C 12
Sandringham Av. SW20 —3A 2
Sandringham Ct. Sutt —3B 14
Sandringham Rd. T Hth —7F 5
Sandrock Pl. Croy —6C 12
Sandy Hill Rd. Wall —3K 15
Sandy La. Mitc —3H 3
Sandy La. Sutt —2A 14
Sandy La. N. Wall —7A 10
Sandy La. S. Wall —3K 15
Sandy Way. Croy —5E 12
Sangley Rd. SE25 —6H 5
Saracen Clo. Croy —1G 11
Savile Gdns. Croy —4J 11
Saville Gdns. Croy —4J 11
Savin Lodge. Sutt —2D 14 (off Walnut M.)
Sawtry Clo. Cars —2F 9
Saxonbury Clo. Mitc —5E 2
Saxon Bus. Cen. SW19 —4D 2
Saxon Rd. SE25 —7G 5
Scarborough Clo. Sutt —5A 14
Scarbrook Rd. Croy —5F 11
Scawen Clo. Cars —6H 9
Scotsdale Clo. Sutt —2A 14
Scotshall La. Warl —2H 25
Scott Clo. SW16 —3C 4
Scotts Av. Brom —4J 7
Scott's La. Brom —5J 7
Seabrook Dri. W Wick —4K 13
Searchwood Rd. Warl —5A 24
Seaton Rd. Mitc —4F 3
Seddon Rd. Mord —7E 2
Sedgewood Clo. Brom —2K 13
Seely Rd. SW17 —1H 3
Sefton Rd. Croy —3K 11
Selborne Rd. Croy —5H 11
Selby Grn. Cars —2F 9
Selby Rd. SE20 —4K 5
Selby Rd. Cars —2F 9
Selcroft Rd. Purl —6E 16
Selhurst New Rd. SE25 —1H 11
Selhurst Pl. SE25 —1H 11
Selhurst Rd. SE25 —1H 11
Sellincourt Rd. SW17 —1F 3
Sellindge Clo. Beck —2E 6
Selsdon Av. S Croy —1G 17
Selsdon Cres. S Croy —4B 18
Selsdon Pk. Rd. S Croy —3C 18
Selsdon Rd. S Croy —7G 11
Selwood Rd. Croy —4A 12
Selwood Rd. Sutt —3A 8
Semley Rd. SW16 —4B 4
Seneca Rd. T Hth —6F 5
Senga Rd. Wall —3H 9
Seven Acres. Cars —4F 9
Sevenoaks Clo. Sutt —4B 14
Seward Rd. Beck —4C 6
Seymour Pl. SE25 —6A 6
Seymour Rd. Cars —7H 9
Seymour Rd. Mitc —2H 9
Seymour Ter. SE20 —3A 6
Seymour Vs. SE20 —3A 6
Shaftesbury Rd. Beck —4E 6
Shaftesbury Rd. Cars —2E 8
Shaldon Dri. Mord —7A 2
Shamrock Rd. Croy —1C 10
Shannon Way. Beck —1G 7
Shap Cres. Cars —3G 9
Sharland Clo. T Hth —1D 10
Shaw Clo. S Croy —6J 17
Shaw Cres. S Croy —6J 17
Shaw Way. Wall —2B 16
Shaxton Cres. New Ad —3H 19
Shearing Dri. Cars —2D 8
Sheen Way. Wall —7C 10
Shelbourne Pl. Beck —2F 7
Sheldon Clo. SE20 —3A 6
Sheldon St. Croy —5F 11
Sheldrick Clo. SW19 —4E 2
Shelford Rise. SE19 —2J 5
Shelley Clo. Coul —4C 22
Shelley Way. SW19 —1E 2
Shelton Av. Warl —4B 24
Shelton Clo. Warl —4B 24
Shelton Rd. SW19 —3B 2
Shenfield Clo. Coul —6K 21
Shepherds Way. S Croy —2C 18
Shepley Clo. Cars —5H 9
Sherbourne Cres. Cars —2F 9
Sherborne Rd. Sutt —4B 8
Sherbourne Ct. Sutt —1D 14
Sheridan Rd. SW19 —3A 2
Sheridan Wlk. Cars —7G 9
Sheridan Way. Beck —3E 6
Sheringham Rd. SE20 —5B 6
Sherwood Av. SW16 —2A 4
Sherwood Pk. Rd. Mitc —6K 3
Sherwood Pk. Rd. Sutt —7B 8
Sherwood Rd. SW19 —2A 2
Sherwood Rd. Coul —3K 21
Sherwood Rd. Croy —2A 12
Sherwood Way. W Wick —4H 13
Shinners Clo. SE25 —7K 5
Shirley Av. Cheam —3A 14
Shirley Av. Coul —6E 22
Shirley Av. Croy —3B 12
Shirley Av. Sutt —6E 8
Shirley Chu. Rd. Croy —5C 12
Shirley Ct. SW16 —2B 4
Shirley Cres. Beck —6D 6

Shirley Heights. *Wall* —3K **15**
Shirley Hills Rd. *Croy* —7B **12**
Shirley Oaks Rd. *Croy* —3C **12**
Shirley Pk. Rd. *Croy* —3A **12**
Shirley Rd. *Croy* —2A **12**
Shirley Rd. *Wall* —3K **15**
Shirley Way. *Croy* —5D **12**
Shord Hill. *Kenl* —3G **23**
Shoreham Clo. *Croy* —7B **6**
Shortlands Gdns. *Brom* —4K **7**
Shortlands Gro. *Brom* —5J **7**
Shortlands Rd. *Brom* —5J **7**
Shorts Rd. *Cars* —6F **9**
Shotfield. *Wall* —1J **15**
Shott Clo. *Sutt* —7D **8**
Shrewsbury Rd. *Beck* —5D **6**
Shrewsbury Rd. *Cars* —2F **9**
Shrewton Rd. *SW17* —2G **3**
Shropshire Clo. *Mitc* —6B **4**
Shrubland Rd. *Bans* —3A **20**
Shrublands Av. *Croy* —5F **13**
Sibthorp Rd. *Mitc* —4G **3**
Sibton Rd. *Cars* —2F **9**
Siddons Rd. *Croy* —5D **10**
Sidney Rd. *SE25* —7K **5**
Sidney Rd. *Beck* —4D **6**
Silbury Av. *Mitc* —3F **3**
Silverdale Clo. *Sutt* —6A **8**
Silver La. *Purl* —6A **16**
Silver La. *W Wick* —4J **13**
Silverleigh Rd. *T Hth* —6C **4**
Silvermere Ct. *Purl* —6D **16**
Silver Wing Ind. Est. *Croy* —1C **16**
Silverwood Clo. *Beck* —2F **7**
Silverwood Clo. *Croy* —3E **18**
Simms Clo. *Cars* —4F **9**
Simone Dri. *Kenl* —3F **23**
Sinclair Ct. *Croy* —4H **11**
Sinclair Dri. *Sutt* —3C **14**
Singleton Clo. *SW17* —2G **3**
Singleton Clo. *Croy* —2F **11**
Sir Cyril Black Way. *SW19* —2B **2**
Sirdar Rd. *Mitc* —1H **3**
Sissinghurst Rd. *Croy* —2K **11**
Skid Hill La. *Warl* —6K **19**
Slines New Rd. *Wold* —7C **24**
Slines Oak Rd. *Warl & Wold* —6F **25**
Sloane Wlk. *Croy* —1E **12**
Smitham Bottom La. *Purl* —5K **15**
Smitham Downs Rd. *Purl* —7A **16**
Smock Wlk. *Croy* —1F **11**
Snowdown Clo. *SE20* —3C **6**
Soloms Ct. Rd. *Bans* —4E **20**
Somerfield Clo. *Tad* —6A **20**
Somerset Gdns. *SW16* —5C **4**
Somerton Clo. *Purl* —3D **22**
Somerville Rd. *SE20* —2C **6**
Sonning Rd. *SE25* —1K **11**
Sorrel Bank. *Croy* —3D **18**
Sorrento Rd. *Sutt* —5C **8**
Southampton Gdns. *Mitc* —7B **4**
South Av. *Cars* —2H **15**
S. Border, The. *Purl* —5A **16**
Southbridge Pl. *Croy* —6F **11**
Southbridge Rd. *Croy* —6F **11**
Southbrook Rd. *SW16* —3B **4**
South Clo. *Mord* —1B **8**
Southcote Rd. *SE25* —7A **6**
Southcote Rd. *S Croy* —4H **17**
Southcroft Av. *W Wick* —4H **13**
Southcroft Rd. *SW17 & SW16* —1H **3**
Southdown Rd. *Cars* —3H **15**
South Dri. *Bans* —7F **15**
South Dri. *Coul* —2A **22**
South Dri. *Sutt* —3A **14**
S. Eden Pk. Rd. *Beck* —1G **13**
South End. *Croy* —6F **11**
Southend Rd. *Beck* —3F **7**
Southern Av. *SE25* —5J **5**
Southey Rd. *SW19* —2B **2**
Southey St. *SE20* —2C **6**
Southfields Ct. *Sutt* —4B **8**
South Gdns. *SW19* —2E **2**
S. Hill Rd. *Brom* —5K **7**
Southholme Clo. *SE19* —3H **5**
Southill Ct. *Hay* —7K **7**
Southlands Clo. *Coul* —4C **22**
S. Lodge Av. *Mitc* —6B **4**
Southly Clo. *Sutt* —5B **8**
S. Norwood Hill. *SE19 & SE25* —4H **5**
Southolme Clo. *SE19* —3H **5**
South Pde. *Wall* —1K **15**
South Pk. Ct. *Beck* —2F **7**
South Pk. Hill Rd. *S Croy* —7G **11**
South Pk. Rd. *SW19* —1B **2**
S. Rise. *Cars* —3F **15**
South Rd. *SW19* —1D **2**
Southvale. *SE19* —1H **5**
Southview Clo. *SW17* —1H **3**
S. View Ct. *SE19* —2F **5**
Southview Gdns. *Wall* —2K **15**
Southview Rd. *Warl* —6K **23**
Southviews. *S Croy* —3C **18**
South Wlk. *W Wick* —5K **13**
Southwater Clo. *Beck* —2G **7**
South Way. *Cars* —4E **14**
South Way. *Croy* —5D **12**
Southway. *Wall* —6K **9**
Southwell Rd. *Croy* —1D **10**
Southwood Av. *Coul* —2K **21**
Sovereign Clo. *Purl* —4C **16**
Spa Clo. *SE19* —3H **5**
Spa Hill. *SE19* —3G **5**
Spalding Rd. *SW17* —1J **3**
Speakers Ct. *Croy* —3G **11**
Speke Rd. *T Hth* —4G **5**
Spencer Hill. *SW19* —2A **2**
Spencer Pl. *Croy* —2G **11**
Spencer Rd. *Brom* —2K **7**
Spencer Rd. *Cat* —7G **23**
Spencer Rd. *Mitc* —5H **3**
Spencer Rd. *Mit J* —2H **9**
Spencer Rd. *S Croy* —7H **11**
Spice's Yd. *Croy* —6F **11**
Spindlewood Gdns. *Croy* —6H **11**
Spinney Gdns. *SE19* —1J **5**
Spinney, The. *Purl* —5E **16**
Spooner Wlk. *Wall* —7B **10**
Spout Hill. *Croy* —7F **13**
Springbourne Ct. *Beck* —3H **7**
(in two parts)
Spring Clo. La. *Sutt* —1A **14**
Springfield Av. *SW20* —5A **2**
Springfield Ct. *Wall* —7J **9**
Springfield Gdns. *W Wick* —4G **13**
Springfield Rd. *SE26* —1A **6**
Springfield Rd. *SW19* —1A **2**
Springfield Rd. *T Hth* —3F **5**
Springfield Rd. *Wall* —7J **9**
Spring Gdns. *Wall* —7K **9**
Spring Gro. *SE19* —2J **5**
Spring Gro. *Mitc* —3H **3**
Springhurst Clo. *Croy* —6E **12**
Spring La. *SE25* —1A **12**
Spring Pk. Av. *Croy* —4C **12**
Springpark Dri. *Beck* —5H **7**
Spring Pk. Rd. *Croy* —4C **12**
Springwood Ct. *S Croy* —6H **11**
Sprucedale Gdns. *Croy* —6C **12**
Sprucedale Gdns. *Wall* —3B **16**
Spurgeon Av. *SE19* —3G **5**
Spurgeon Rd. *SE19* —3G **5**
Square, The. *Cars* —7H **9**
Squirrels Drey. Short —4K 7
(off Park Hill Rd.)
Stable M. *SE27* —1F **5**
Stafford Clo. *Sutt* —1A **14**
Stafford Cross Bus. Pk. *Croy* —7C **10**
Stafford Gdns. *Croy* —7C **10**
Stafford Rd. *Cat* —7K **23**
Stafford Rd. *Wall & Croy* —1K **15**
Stagbury Av. *Coul* —5F **21**
Stagbury Clo. *Coul* —6F **21**
Stagbury Ho. *Coul* —6F **21**
Stag Leys Clo. *Bans* —2E **20**
Stainbank Rd. *Mitc* —5J **3**
Stambourne Way. *SE19* —2H **5**
Stambourne Way. *W Wick* —4H **13**
Stane Clo. *SW19* —2C **2**
Stanford Rd. *SW16* —4A **4**
Stanford Way. *SW16* —4A **4**
Stanger Rd. *SE25* —6K **5**
Stanhope Gro. *Beck* —7E **6**
Stanhope Rd. *Cars* —2H **15**
Stanhope Rd. *Croy* —5H **11**
Stanley Av. *Beck* —5H **7**
Stanley Clo. *Coul* —5C **22**
Stanley Ct. *Cars* —2H **15**
Stanley Ct. *Sutt* —2C **14**
Stanley Gdns. *Mitc* —1H **3**
Stanley Gdns. *S Croy* —6K **17**
Stanley Gdns. *Wall* —1K **15**
Stanley Gro. *Croy* —1D **10**
Stanley Pk. Rd. *Cars & Wall* —2G **15**
Stanley Rd. *SW19* —1B **2**
Stanley Rd. *Cars* —2H **15**
Stanley Rd. *Croy* —2D **10**
Stanley Rd. *Mitc* —2H **3**
Stanley Rd. *Mord* —6B **2**
Stanley Rd. *Sutt* —1C **14**
Stanley Sq. *Cars* —3G **15**
Stanmore Gdns. *Sutt* —5D **8**
Stanmore Ter. *Beck* —4F **7**
Stannet Way. *Wall* —6K **9**
Stanstead Mnr. *Sutt* —1B **14**
Stanton Rd. *Croy* —2F **11**
Staplehurst Rd. *Cars* —2F **15**
Stapleton Gdns. *Croy* —7D **10**
Starrock La. *Chips* —7G **21**
Starrock Rd. *Coul* —6J **21**
Station App. *Beck* —3F **7**
Station App. *Belm* —4C **14**
Station App. *Cheam* —2A **14**
Station App. *Chips* —5G **21**
Station App. *Coul N* —3A **22**
Station App. *Purl* —5D **16**
Station App. *S Croy* —3G **17**
Station App. *W Wick* —2H **13**
Station App. *Whyt* —4K **23**
Station App. Rd. *Coul* —2A **22**
Station Est. *Beck* —5C **6**
Station Garage M. *SW16* —1A **4**
Station Pde. *Chips* —5G **21**
Station Rd. *SE20* —1B **6**
Station Rd. *SE25* —6J **5**
Station Rd. *SW19* —3D **2**
Station Rd. *Cars* —6G **9**
Station Rd. *Croy* —4G **11**
Station Rd. *Kenl* —1F **23**
Station Rd. *Short* —4K **7**
Station Rd. *Sutt* —4B **14**
Station Rd. *W Wick* —3H **13**
Station Rd. *Whyt* —5J **23**
Station Way. *Sutt* —1A **14**
Station Yd. *Purl* —6E **16**
Stavordale Rd. *Cars* —2D **8**
Stayton Rd. *Sutt* —5B **8**
Steep Hill. *Croy* —6H **11**
Steers Mead. *Mitc* —3G **3**
Stella Rd. *SW17* —1G **3**
Stembridge Rd. *SE20* —4A **6**
Stephenson Ct. Cheam —2A 14
(off Station App.)
Stevens Clo. *Beck* —1F **7**
Steyning Clo. *Kenl* —3E **22**
Stirling Clo. *SW16* —3K **3**
Stirling Clo. *Bans* —4A **20**
Stirling Way. *Croy* —2B **10**
Stites Hill Rd. *Coul* —7E **22**
Stoats Nest Rd. *Coul* —1B **22**
Stoats Nest Village. *Coul* —2B **22**
Stockbury Rd. *Croy* —1B **12**
Stockham's Clo. *S Croy* —5G **17**
Stockport Rd. *SW16* —3A **4**
Stodart Rd. *SE20* —3B **6**
Stokes Rd. *Croy* —1C **12**
Stonecot Clo. *Sutt* —3A **8**
Stonecot Hill. *Sutt* —3A **8**
Stonecroft Way. *Croy* —2B **10**
Stoneleigh Pk. Av. *Croy* —1C **12**
Stoneleigh Rd. *Cars* —2F **9**
Stone Pk. Av. *Beck* —6F **7**
Stone St. *Croy* —7D **10**
Stoneyfield Rd. *Coul* —4C **22**
Stoney La. *SE19* —1J **5**
Storrington Rd. *Croy* —3J **11**
Stowell Av. *New Ad* —4J **19**
Stratford Rd. *T Hth* —6D **4**
Strathbrook Rd. *SW16* —2C **4**
Strathearn Rd. *Sutt* —7B **8**
Strathmore Rd. *Croy* —2G **11**
Strathyre Av. *SW16* —5D **4**
Stratton Av. *Wall* —3A **16**
Stratton Clo. *SW19* —4B **2**
Stratton Rd. *SW19* —4B **2**
Strawberry La. *Cars* —5H **9**
Streatham Comn. N. *SW16* —1B **4**
Streatham Comn. S. *SW16* —1B **4**
Streatham High Rd. *SW16* —1B **4**
Streatham Rd. *Mitc & SW16* —3H **3**
Streatham Vale. *SW16* —3K **3**
Streeters La. *Wall* —5A **10**
Stretton Rd. *Croy* —2H **11**
Stroud Grn. Gdns. *Croy* —2B **12**
Stroud Grn. Way. *Croy* —2A **12**
Stroud Rd. *SE25* —1K **11**
Stuart Cres. *Croy* —5E **12**
Stuart Pl. *Mitc* —3G **3**
Stuart Rd. *T Hth* —6F **5**
Stuart Rd. *Warl* —7A **24**
Stubbs Way. *SW19* —3E **2**
Studland Rd. *SE26* —1C **6**
Stumps Hill La. *Beck* —1F **7**
Stumps La. *Whyt* —4H **23**
Styles Way. *Beck* —6H **7**
Succombs Hill. *Warl* —7A **24**
Succombs Pl. *Warl* —6A **24**
Sudbury Gdns. *Croy* —6H **11**
Suffield Clo. *S Croy* —6C **18**
Suffield Rd. *SE20* —4B **6**
Suffolk Ho. SE20 —2C 6
(off Croydon Rd.)
Suffolk Rd. *SE25* —6J **5**
Sultan St. *Beck* —4C **6**
Summerene Clo. *SW16* —2K **3**
Summerhill Way. *Mitc* —3H **3**
Summerlay Clo. *Tad* —7A **20**
Summers Clo. *Sutt* —2B **14**
Summerswood Clo. *Kenl* —3G **23**
Summerville Gdns. *Sutt* —1A **14**
Summit Way. *SE19* —2H **5**
Sumner Gdns. *Croy* —3E **10**
Sumner Rd. *Croy* —3D **10**
Sumner Rd. S. *Croy* —3D **10**
Sundale Av. *S Croy* —4B **18**
Sundial Av. *SE25* —5J **5**
Sundown Av. *S Croy* —5J **17**
Sundridge Pl. *Croy* —3K **11**
Sundridge Rd. *Croy* —2J **11**
Sunkist Way. *Wall* —3B **16**
Sunlight Clo. *SW19* —1D **2**
Sunningdale Rd. *Sutt* —6A **8**
Sunny Bank. *SE25* —5K **5**
Sunnybank. *Warl* —4D **24**
Sunnycroft Rd. *SE25* —6K **5**
Sunnydene Rd. *Purl* —7E **16**
Sunnyhurst Clo. *Sutt* —5B **8**
Sunnymead Av. *Mitc* —5A **4**
Sunnymede Av. *Cars* —5E **14**
Sunny Nook Gdns. *S Croy* —1G **17**
Sunnyside Pas. *SW19* —1A **2**
Sunset Gdns. *SE25* —4J **5**
Sunshine Way. *Mitc* —4G **3**
Surrey Gro. *Sutt* —5E **8**
Surrey Rd. *W Wick* —3G **13**
Surrey St. *Croy* —5F **11**
Surridge Gdns. *SE19* —1G **5**
Sussex Rd. *Cars* —2G **15**
Sussex Rd. *Mitc* —7B **4**
Sussex Rd. *S Croy* —1G **17**
Sussex Rd. *W Wick* —3G **13**
Sutherland Dri. *SW19* —3E **2**
Sutherland Rd. *Croy* —2D **10**
Sutton Arc. *Sutt* —7C **8**
Sutton Clo. *Beck* —3G **7**
Sutton Comn. Rd. *Sutt* —2A **8**
Sutton Ct. *Sutt* —1D **14**
Sutton Ct. Rd. *Sutt* —1D **14**
Sutton Gdns. *SE25* —7J **5**
Sutton Gdns. *Croy* —7J **5**
Sutton Gro. *Sutt* —6E **8**
Sutton La. *Sutt & Bans* —5C **14**
Sutton Pk. Rd. *Sutt* —1C **14**
Swain Clo. *SW16* —1J **3**
Swain Rd. *T Hth* —7F **5**
Swains Rd. *SW17* —2G **3**
Swallowdale. *S Croy* —3C **18**
Swan Clo. *Croy* —2H **11**
Swan, The. (Junct.) —4H **13**
Swift Ct. *Sutt* —2C **14**
Swiftsden Way. *Brom* —1K **7**
Swinburne Cres. *Croy* —1B **12**
Sycamore Clo. *Cars* —6G **9**
Sycamore Gdns. *Mitc* —4E **2**
Sycamore Gro. *SE20* —3K **5**
Sycamore Ho. *Brom* —4K **7**
Sycamore Way. *T Hth* —7D **4**
Sydenham Av. *SE26* —1A **6**
Sydenham Rd. *Croy* —3F **11**
Sydney Av. *Purl* —6C **16**
Sydney Rd. *Sutt* —6B **8**
Sylvan Clo. *S Croy* —4A **18**
Sylvan Est. *SE19* —3J **5**
Sylvan Hill. *SE19* —3H **5**
Sylvan Rd. *SE19* —3J **5**
Sylvan Way. *W Wick* —6K **13**
Sylverdale Rd. *Croy* —5E **10**
Sylverdale Rd. *Purl* —7E **16**

Tabor Ct. *Sutt* —1A **14**
Tabor Gdns. *Sutt* —2A **14**
Tabor Gro. *SW19* —2A **2**
Taffy's Row. *Mitc* —5F **3**
Tait Rd. *Croy* —2H **11**
Talbot Rd. *Cars* —7H **9**
Talbot Rd. *T Hth* —6G **5**
Tall Trees. *SW16* —6C **4**
Tamworth La. *Mitc* —4J **3**
Tamworth Pk. *Mitc* —5J **3**
Tamworth Pl. *Croy* —4F **11**
Tamworth Rd. *Croy* —4E **10**
Tamworth Vs. *Mitc* —6K **3**
Tandridge Gdns. *S Croy* —7J **17**
Tandridge Rd. *Warl* —6C **24**
Tanfield Rd. *Croy* —6F **11**
Tangier Wood. *Tad* —5A **20**
Tanglewood Clo. *Croy* —5B **12**
Tankerton Ter. *Croy* —1C **10**
Tankerville Rd. *SW16* —2A **4**
Tannery Clo. *Beck* —6C **6**
Tannsfeld Rd. *SE26* —1C **6**
Tanya Rise. *Cat* —7H **23**
Tapestry Clo. *Sutt* —2C **14**
Tara Ct. *Beck* —4G **7**
Tarragon Gro. *SE26* —1C **6**
Tate Rd. *Sutt* —7B **8**
Tattenham Way. *Tad* —4A **20**
Taunton Clo. *Sutt* —3B **8**
Taunton La. *Coul* —6D **22**
Tavern Clo. *Cars* —2F **9**
Tavistock Cres. *Mitc* —6B **4**
Tavistock Ga. *Croy* —3G **11**
Tavistock Gro. *Croy* —2G **11**
Tavistock Ho. *Croy* —3G **11**
Tavistock Rd. *Cars* —3E **8**
Tavistock Rd. *Croy* —3G **11**
Tavistock Wlk. *Cars* —3E **8**
Taylor Ct. SE20 —4B 6
(off Elmers End Rd.)
Taylor Rd. *Mitc* —2F **3**
Taylor Rd. *Wall* —7J **9**
Teal Clo. *S Croy* —5C **18**
Teasel Clo. *Croy* —3C **12**
Tedder Rd. *S Croy* —2B **18**
Teesdale Gdns. *SE25* —4H **5**
Teevan Clo. *Croy* —2K **11**
Teevan Rd. *Croy* —3K **11**
Telegraph Track. *Cars* —5H **15**
Telford Clo. *SE19* —1J **5**
Temple Av. *Croy* —4E **12**
Templeman Clo. *Purl* —3E **22**
Temple Rd. *Croy* —6G **11**
Templeton Clo. *SE19* —3G **5**
Temple Way. *Sutt* —5E **8**
Tennison Clo. *Coul* —7E **22**
Tennison Rd. *SE25* —6J **5**
Tennyson Rd. *SE20* —2C **6**
Tennyson Rd. *SW19* —1D **2**
Tenterden Gdns. *Croy* —2K **11**
Tenterden Rd. *Croy* —2K **11**
Tewkesbury Rd. *Cars* —3E **8**
Teynham Ct. *Beck* —5H **7**
Thanescroft Gdns. *Croy* —5H **11**
Thanet Pl. *Croy* —6F **11**
Tharp Rd. *Wall* —7A **10**
Thayers Farm Rd. *Beck* —3D **6**
Theobald Rd. *Croy* —4E **10**
Therapia La. *Croy* —2A **10**
(in two parts)
Theresa's Wlk. *S Croy* —4G **17**
Thesiger Rd. *SE20* —2C **6**
Thicket Cres. *Sutt* —6D **8**
Thicket Gro. *SE20* —2K **5**
Thicket Rd. *SE20* —2K **5**
Thicket Rd. *Sutt* —6D **8**
Thirlmere Rise. *Brom* —1K **7**
Thirsk Rd. *SE25* —6G **5**
Thirsk Rd. *Mitc* —2H **3**
Thistlewood Cres. *New Ad* —6J **19**
Thomas Ho. *Sutt* —2C **14**
Thomas Turner Path. T Hth —5F 5
(off George St.)
Thomas Wall Clo. *Sutt* —7C **8**
Thomson Cres. *Croy* —3D **10**
Thorburn Way. *SW19* —3E **2**
Thorncroft Clo. *Coul* —6D **22**
Thorncroft Rd. *Sutt* —6C **8**
Thorneloe Gdns. *Croy* —7D **10**
Thornes Clo. *Beck* —5H **7**
Thornfield Rd. *Bans* —4B **20**
Thornhill Rd. *Croy* —2F **11**
Thornsett Pl. *SE20* —4A **6**
Thornsett Rd. *SE20* —4A **6**
Thornsett Ter. SE20 —4A 6
(off Croydon Rd.)
Thornton Av. *Croy* —1C **10**
Thornton Cres. *Coul* —6D **22**
Thornton Dene. *Beck* —4F **7**

Thornton Heath Pond. (Junct.) —7D **4**
Thornton Hill. *SW19* —2A **2**
Thornton Rd. *Cars* —3E **8**
Thornton Rd. *Croy & T Hth* —2C **10**
Thornton Row. *T Hth* —7D **4**
Thornville Gro. *Mitc* —4E **2**
Thorold Clo. *S Croy* —4C **18**
Thorpe Clo. *New Ad* —5H **19**
Thrale Rd. *SW16* —1K **3**
Throwley Rd. *Sutt* —7C **8**
Throwley Way. *Sutt* —6C **8**
Thrupp Clo. *Mitc* —4J **3**
Thursley Cres. *New Ad* —2J **19**
Tidenham Gdns. *Croy* —5H **11**
Tideswell Rd. *Croy* —5F **13**
Tiepigs La. *W Wick & Brom* —4K **13**
Tierney Ct. *Croy* —4J **11**
Tilford Av. *New Ad* —3H **19**
Timberling Gdns. *S Croy* —3G **17**
Timberslip Dri. *Wall* —3A **16**
Times Sq. *Sutt* —7C **8**
Tindale Clo. *S Croy* —5G **17**
Tinefields. *Tad* —6A **20**
Tintern Clo. *SW19* —1D **2**
Tintern Rd. *Cars* —3E **8**
Tipton Dri. *Croy* —6H **11**
Tirlemont Rd. *S Croy* —2F **17**
Tirrell Rd. *Croy* —1F **11**
Tisbury Rd. *SW16* —4B **4**
Titchfield Rd. *Cars* —3E **8**
Titchfield Wlk. *Cars* —2E **8**
Tithepit Shaw La. *Warl* —4A **24**
Tiverton Rd. *T Hth* —7D **4**
Tivola Rd. *SE27* —1F **5**
Toll Bar Ct. *Sutt* —3C **14**
Tollers La. *Coul* —5C **22**
Tollhouse La. *Wall* —3K **15**
Tonbridge Clo. *Bans* —1G **21**
Tonfield Rd. *Sutt* —3A **8**
Tonge Clo. *Beck* —7F **7**
Tonge Vs. *Beck* —7F **7**
Tonstall Rd. *Mitc* —4H **3**
Tony Law Ho. *SE20* —3A **6**
Tooting Gro. *SW17* —1F **3**
Tooting High St. *SW17* —1F **3**
Tootswood Rd. *Brom* —7K **7**
Top Pk. *Beck* —7K **7**
Tormead Clo. *Sutt* —1B **14**
Torre Wlk. *Cars* —3F **9**
Torridge Rd. *T Hth* —7E **4**
Torrington Sq. *Croy* —2G **11**
Torrington Way. *Mord* —1B **8**
Torr Rd. *SE20* —2C **6**
Torwood La. *Whyt* —7J **23**
Totton Rd. *T Hth* —5D **4**
Tovil Clo. *SE20* —4A **6**
Tower Clo. *SE20* —2A **6**
Towers, The. *Kenl* —2F **23**
Tower View. *Croy* —2D **12**
Towpath Way. *Croy* —1J **11**
Tracery, The. *Bans* —2C **20**
Trafalgar Rd. *SW19* —2C **2**
Trafalgar Way. *Croy* —4D **10**
Trafford Rd. *T Hth* —7C **4**
Tramway Path. *Mitc* —6F **3**
(in two parts)
Tranmere Ct. *Sutt* —2D **14**
Tredown Rd. *SE26* —1B **6**
Treetops. *Whyt* —5K **23**
Treeview Clo. *SE19* —3H **5**
Treloar Gdns. *SE19* —1G **5**
Tremaine Rd. *SE20* —4A **6**
Trenchard Ct. *Mord* —1B **8**
Trenham Dri. *Warl* —3B **24**
Trenholme Clo. *SE20* —2A **6**
Trenholme Rd. *SE20* —2A **6**
Trenholme Ter. *SE20* —2A **6**
Tresco Clo. *Brom* —1K **7**
Trevelyan Rd. *SW17* —1F **3**
Trevor Rd. *SW19* —2A **2**
Trewsbury Rd. *SE26* —1C **6**
Trickett Ho. *Sutt* —3C **14**
Trinity Clo. *S Croy* —3H **17**
Trinity Ct. *SE25* —1H **11**
Trinity Ct. *Croy* —4F **11**
Trinity M. *SE20* —3A **6**
Trinity Rd. *SW19* —1B **2**
Tritton Av. *Croy* —6B **10**
Trojan Way. *Croy* —5C **10**
Troy Rd. *SE19* —1G **5**
Trumble Gdns. *T Hth* —6E **4**
Tudor Clo. *Bans* —2A **20**
Tudor Clo. *Coul* —5D **22**
Tudor Clo. *S Croy* —2A **24**
Tudor Clo. *Wall* —2K **15**
Tudor Dri. *Mord* —2A **8**
Tudor Gdns. *W Wick* —5H **13**
Tudor Pl. *Mitc* —2F **3**
Tudor Rd. *SE19* —2J **5**
Tudor Rd. *SE25* —7A **6**
Tudor Rd. *Beck* —5H **7**
Tugela Rd. *Croy* —1G **11**
Tulip Clo. *Croy* —3C **12**
Tulip Tree Ct. *Belm* —5B **14**
Tull St. *Mitc* —2G **9**
Tulse Clo. *Beck* —5H **7**
Tumblewood Rd. *Bans* —3A **20**
Tummons Gdns. *SE25* —4H **5**
Tunstall Rd. *Croy* —3H **11**
Turkey Oak Clo. *SE19* —3H **5**
Turle Rd. *SW16* —4B **4**
Turner Av. *Mitc* —3G **3**
Turners Meadow Way. *Beck* —3E **6**
Turner's Way. *Croy* —4D **10**
Turnpike La. *Sutt* —7D **8**
Turnpike Link. *Croy* —4H **11**
Turnstone Clo. *S Croy* —4D **18**
Turpin Way. *Wall* —2J **15**
Turtle Rd. *SW16* —4B **4**
Tweeddale Rd. *Cars* —3E **8**
Twickenham Clo. *Croy* —5C **10**
Twin Bridges Bus. Pk. *S Croy* —1G **17**
Twyford Rd. *Cars* —3E **8**
Tybenham Rd. *SW19* —5B **2**
Tydcombe Rd. *Warl* —6B **24**
Tylecroft Rd. *SW16* —4B **4**
Tylers Path. *Cars* —6G **9**
Tynemouth Rd. *Mitc* —2H **3**
Tyrell Ct. *Cars* —6G **9**
Tyrell Ho. Beck —1G **7**
(off Beckenham Hill Rd.)
Tyrrell Sq. *Mitc* —3F **3**

Uckfield Gro. *Mitc* —3H **3**
Ullswater Clo. *Brom* —2K **7**
Ullswater Cres. *Coul* —3B **22**
Underwood. *New Ad* —7H **13**
Union Rd. *Croy* —2F **11**
Unity Clo. *SE19* —1F **5**
Unity Clo. *New Ad* —3G **19**
University Rd. *SW19* —1E **2**
Upchurch Clo. *SE20* —2A **6**
Upfield. *Croy* —5A **12**
Upland Rd. *S Croy* —7G **11**
Upland Rd. *Sutt* —2E **14**
Upland Rd. *Wold* —7F **25**
Uplands. *Beck* —4F **7**
Uplands Rd. *Kenl* —3F **23**
Up. Beulah Hill. *SE19* —3H **5**
Up. Dunnymans. *Bans* —1A **20**
Up. Elmers End Rd. *Beck* —6D **6**
Up. Green E. *Mitc* —5G **3**
Up. Green W. *Mitc* —4G **3**
Upper Gro. *SE25* —6J **5**
Up. Mulgrave Rd. *Sutt* —2A **14**
Up. Pillory Down. *Cars* —7H **15**
Up. Pines. *Bans* —4G **21**
Upper Rd. *Wall* —7A **10**
Up. Sawleywood. *Bans* —1A **20**
Up. Selsdon Rd. *S Croy* —2H **17**
Up. Shirley Rd. *Croy* —5B **12**
Up. Vernon Rd. *Sutt* —7E **8**
Up. Woodcote Village. *Purl* —6A **16**
Upton Ct. *SE20* —2B **6**
Upton Dene. *Sutt* —2C **14**
Upton Rd. *T Hth* —4G **5**
Upwood Rd. *SW16* —3B **4**
Urquhart Ct. *Beck* —2E **6**
Uvedale Clo. *New Ad* —5J **19**
Uvedale Cres. *New Ad* —5J **19**

Valan Leas. *Brom* —5K **7**
Vale Border. *S Croy* —5C **18**
Vale Clo. *Coul* —1B **22**
Valentyne Clo. *New Ad* —5K **19**
Valerie Ct. *Sutt* —2C **14**
Vale Rd. *Mitc* —6A **4**
Vale Rd. *Sutt* —6C **8**
Vale, The. *Coul* —1B **22**
Vale, The. *Croy* —4C **12**
Valley Gdns. *SW19* —2E **2**
Valley Rd. *SW16* —1C **4**
Valley Rd. *Kenl* —2G **23**
Valley Rd. *Short* —4K **7**
Valley View Gdns. *Kenl* —2H **23**
Valley Wlk. *Croy* —4B **12**
Vanguard Clo. *Croy* —3E **10**
Vanguard Way. *Wall* —2B **16**
Vant Rd. *SW17* —1G **3**
Varley Way. *Mitc* —4E **2**
Vauxhall Gdns. *S Croy* —1F **17**
Veals Mead. *Mitc* —3F **3**
Vectis Gdns. *SW17* —1J **3**
Vectis Rd. *SW17* —1J **3**
Vellum Dri. *Cars* —5H **9**
Venner Rd. *SE26* —1B **6**
Ventnor Rd. *Sutt* —2C **14**
Verdayne Av. *Croy* —4C **12**
Verdayne Gdns. *Warl* —3B **24**
Vermont Rd. *SE19* —1H **5**
Vermont Rd. *Sutt* —5C **8**
Vernon Rd. *Sutt* —7D **8**
Veronica Gdns. *SW16* —3K **3**
Versailles Rd. *SE20* —2K **5**
Verulam Av. *Purl* —6K **15**
Vicarage Ct. *Beck* —5D **6**
Vicarage Dri. *Beck* —3F **7**
Vicarage Gdns. *Mitc* —5F **3**
Vicarage Rd. *Croy* —5D **10**
Vicarage Rd. *Sutt* —5C **8**
Vicars Oak Rd. *SE19* —1H **5**
Viceroy Ct. *Croy* —4G **11**
Victoria Av. *S Croy* —4F **17**
Victoria Av. *Wall* —5H **9**
Victoria Ct. *SE26* —1B **6**
Victoria Cres. *SE19* —1H **5**
Victoria Cres. *SW19* —2A **2**
Victoria Rd. *Coul* —2A **22**
Victoria Rd. *Mitc* —2F **3**
Victoria Rd. *Sutt* —7E **8**
Victor Rd. *SE20* —2C **6**
Victory Av. *Mord* —7D **2**
Victory Pl. *SE19* —2J **5**
Victory Rd. *SW19* —2D **2**
Victory Rd. M. *SW19* —2D **2**
Village Row. *Sutt* —2B **14**
Village Way. *Beck* —4F **7**
Village Way. *S Croy* —7K **17**
Villiers Rd. *Beck* —4C **6**
Vincent Av. *Cars* —5E **14**
Vincent Clo. *Coul* —7G **21**
Vincent Grn. *Coul* —7G **21**
Vincent Rd. *Coul* —3K **21**
Vincent Rd. *Croy* —2H **11**
Vine Clo. *Sutt* —5D **8**
Viney Bank. *Croy* —3E **18**
Violet Clo. *Wall* —3H **9**
Violet Gdns. *Croy* —7E **10**
Violet La. *Croy* —1E **16**
Virginia Rd. *T Hth* —3E **4**
Volta Way. *Croy* —3C **10**
Voss Ct. *SW16* —1B **4**
Vulcan Clo. *Wall* —2C **16**
Vulcan Way. *New Ad* —4K **19**

Waddington Av. *Coul* —7D **22**
Waddington Clo. *Coul* —6E **22**
Waddington Way. *SE19* —2F **5**
Waddon Clo. *Croy* —5D **10**
Waddon Ct. Rd. *Croy* —6D **10**
Waddon Marsh Way. *Croy* —3C **10**
Waddon New Rd. *Croy* —5E **10**
Waddon Pk. Av. *Croy* —6D **10**
Waddon Rd. *Croy* —5D **10**
Waddon Way. *Croy* —1D **16**
Wadhurst Clo. *SE20* —4A **6**
Wagtail Gdns. *S Croy* —4C **18**
Wakefield Ct. *SE26* —1B **6**
Wakefield Gdns. *SE19* —2H **5**
Walburton Rd. *Purl* —7K **15**
Waldegrave Rd. *SE19* —2J **5**
Waldegrove. *Croy* —6J **11**
Walden Gdns. *T Hth* —5C **4**
Waldo Pl. *Mitc* —2F **3**
Waldorf Clo. *S Croy* —3E **16**
Waldron Gdns. *Brom* —5J **7**
Waldronhyrst. *S Croy* —6E **10**
Waldron's Path. *S Croy* —6F **11**
Waldrons, The. *Croy* —6E **10**
Wales Av. *Cars* —7F **9**
Waleton Acres. *Wall* —1A **16**
Wallace Cres. *Cars* —7G **9**
Wallington Corner. Wall —6J **9**
(off Manor Rd. N.)
Wallington Ct. Wall —1J **15**
(off Stanley Pk. Rd.)
Wallington Green. (Junct.) —6J **9**
Wallington Sq. *Wall* —1J **15**
Walnut Clo. *Cars* —7G **9**
Walnut M. *Sutt* —2D **14**
Walnut Tree Av. *Mitc* —5F **3**
Walpole Av. *Coul* —6G **21**
Walpole Rd. *SW19* —1E **2**
Walpole Rd. *Croy* —4G **11**
Walsh Cres. *New Ad* —6K **19**
Walsingham Rd. *Mitc* —7G **3**
Walsingham Rd. *New Ad* —4H **19**
Walters Rd. *SE25* —6H **5**
Waltham Rd. *Cars* —2E **8**
Walton Av. *Sutt* —5A **8**
Walton Grn. *New Ad* —3G **19**
Walton Way. *Mitc* —6K **3**
Wandle Bank. *SW19* —1D **2**
Wandle Bank. *Croy* —5B **10**
Wandle Ct. *Croy* —5B **10**
Wandle Ct. Gdns. *Croy* —5B **10**
Wandle Pk. Trad. Est., The. *Croy* —3D **10**
Wandle Rd. *Bedd* —5B **10**
Wandle Rd. *Croy* —5F **11**
Wandle Rd. *Mord* —6D **2**
Wandle Rd. *Wall* —5J **9**
Wandle Side. *Croy* —5C **10**
Wandle Side. *Wall* —5J **9**
Wandle Way. *Mitc* —7G **3**
Wapses Roundabout. (Junct.) —7A **24**
Warbank Clo. *New Ad* —4K **19**
Warbank Cres. *New Ad* —4K **19**
Ward Clo. *S Croy* —1H **17**
Ward La. *Warl* —3B **24**
Ward Rd. *SW19* —3D **2**
Ware Ct. *Sutt* —6A **8**
Warham Rd. *S Croy* —7E **10**
Warlingham Rd. *T Hth* —6E **4**
Warminster Gdns. *SE25* —4K **5**
Warminster Rd. *SE25* —4J **5**
Warminster Sq. *SE25* —4K **5**
Warminster Way. *Mitc* —3J **3**
Warnham Ct. Rd. *Cars* —2G **15**
Warren Av. *Brom* —2K **7**
Warren Av. *S Croy* —2C **18**
Warren Av. *Sutt* —4A **14**
Warren Ct. *Beck* —2F **7**
Warren Ct. *Croy* —3H **11**
Warren Pk. *Warl* —5C **24**
Warren Pk. Rd. *Sutt* —1F **15**
Warren Rd. *SW19* —1F **3**
Warren Rd. *Croy* —3J **11**
Warren Rd. *Purl* —6E **16**
Warren, The. *Cars* —4F **15**
Warrington Rd. *Croy* —5E **10**
Warwick Ct. *Brom* —4K **7**
Warwick Gdns. *T Hth* —5D **4**
Warwick Rd. *SE20* —5A **6**
Warwick Rd. *Coul* —1K **21**
Warwick Rd. *Sutt* —6D **8**
Warwick Rd. *T Hth* —5D **4**
Washpond La. *Warl* —5H **25**
Watcombe Pl. *SE25* —6A **6**
Watcombe Rd. *SE25* —7A **6**
Waterer Rise. *Wall* —1A **16**
Waterfall Cotts. *SW19* —1E **2**
Waterfall Rd. *SW19* —1E **2**
Waterfall Ter. *SW17* —1F **3**
Waterfield Dri. *Warl* —6B **24**
Waterfield Gdns. *SE25* —6H **5**
Waterhouse La. *Kenl* —6F **23**
Waterhouse La. *Kgswd* —7A **20**
Waterloo Rd. *Sutt* —7E **8**
Waterman's Sq. *SE20* —2B **6**
Watermead La. *Cars* —2G **9**
Watermen's Sq. *SE20* —2B **6**
Watermill Way. *SW19* —3E **2**
Waterside. *Beck* —3E **6**
Water Tower Hill. *Croy* —6G **11**
Waterworks Yd. *Croy* —5F **11**
Watery La. *SW20* —4A **2**
Wates Way. *Mitc* —1G **9**
Watlings Clo. *Croy* —1D **12**
Watney's Rd. *Mitc* —7A **4**
Watson Av. *Sutt* —4A **8**
Watson Clo. *SW19* —1F **3**
Wattendon Rd. *Kenl* —3E **22**
Waverley Av. *Kenl* —3H **23**
Waverley Av. *Sutt* —4C **8**
Waverley Rd. *SE25* —6A **6**
Waverley Way. *Cars* —1F **15**
Waylands Mead. *Beck* —3G **7**
Waynflete Av. *Croy* —5E **10**
Wayside. *New Ad* —1G **19**
Wealdstone Rd. *Sutt* —4A **8**
Wedgwood Way. *SE19* —2F **5**
Weighton M. *SE20* —4A **6**
Weighton Rd. *SE20* —4A **6**
Weihurst Ct. *Sutt* —7F **9**
Weihurst Gdns. *Sutt* —7E **8**
Welbeck Rd. *Sutt & Cars* —4E **8**
Welbeck Wlk. *Cars* —3F **9**
Welcomes Rd. *Kenl* —4G **23**
Welcome Ter. *Whyt* —3J **23**
Welham Rd. *SW17 & SW16* —1H **3**
Welhouse Rd. *Cars* —3F **9**
Wellesford Clo. *Bans* —4A **20**
Wellesley Ct. *Sutt* —3A **8**
Wellesley Ct. Rd. *Croy* —4G **11**
Wellesley Gro. *Croy* —4G **11**
Wellesley Lodge. Sutt —2C **14**
(off Worcester Rd.)
Wellesley Rd. *Croy* —3F **11**
Wellesley Rd. *Sutt* —1D **14**
Well Farm Rd. *Warl* —6K **23**
Wellhouse Rd. *Beck* —6F **7**
Wellington Dri. *Purl* —3C **16**
Wellington Rd. *Croy* —2E **10**
Wellow Wlk. *Cars* —3E **8**
Wellwood Clo. *Coul* —1B **22**
Wendling Rd. *Sutt* —3E **8**
Wend, The. *Coul* —1A **22**
Wentworth Clo. *Mord* —2B **8**
Wentworth Rd. *Croy* —2D **10**
Wentworth Way. *S Croy* —1K **23**
Werndee Rd. *SE25* —6K **5**
Wessex Av. *SW19* —5B **2**
Wessex Ct. *Beck* —3D **6**
West Av. *Wall* —7B **10**
Westbourne Rd. *SE26* —1C **6**
Westbourne Rd. *Croy* —1J **11**
Westbrook Rd. *T Hth* —3G **5**
Westbury Clo. *Whyt* —5J **23**
Westbury Rd. *SE20* —3C **6**
Westbury Rd. *Beck* —5D **6**
Westbury Rd. *Croy* —1G **11**
Westcombe Av. *Croy* —2B **10**
Westcote Rd. *SW16* —1K **3**
Westcott Clo. *New Ad* —3G **19**
Westcroft Gdns. *Mord* —6A **2**
Westcroft Rd. *Cars & Wall* —6H **9**
West Dri. *Cars* —4E **14**
Westerham Clo. *Sutt* —4B **14**
Westerham Lodge. Beck —2F **7**
(off Park Rd.)
Western Rd. *SW19 & Mitc* —3E **2**
Western Rd. *Sutt* —7B **8**
Westfield Av. *S Croy* —7G **17**
Westfield Clo. *Sutt* —6A **8**
Westfield Rd. *Beck* —4E **6**
Westfield Rd. *Croy* —4E **10**
Westfield Rd. *Mitc* —4G **3**
Westfield Rd. *Sutt* —6A **8**
West Gdns. *SW17* —1F **3**
Westgate Rd. *SE25* —6A **6**
Westgate Rd. *Beck* —3H **7**
Westhall Pk. *Warl* —6B **24**
Westhall Rd. *Warl* —5K **23**
West Hill. *S Croy* —4H **17**
Westland Dri. *Brom* —4K **13**
Westleigh Av. *Coul* —3J **21**
Westmead Corner. *Cars* —6F **9**
Westmead Rd. *Sutt* —6E **8**
Westminster Av. *T Hth* —4E **4**
Westminster Rd. *Sutt* —4E **8**
Westmoat Clo. *Beck* —2H **7**
Westmoreland Dri. *Sutt* —2C **14**
Westmoreland Rd. *Brom* —7K **7**
Westmorland Sq. Mitc —7B **4**
(off Westmorland Way)
Westmorland Ter. *SE20* —2A **6**
Westmorland Way. *Mitc* —7A **4**
West Oak. *Beck* —3J **7**
Weston Clo. *Coul* —7C **22**
Westover Clo. *Sutt* —3C **14**
Westow Hill. *SE19* —1H **5**
Westow St. *SE19* —1H **5**
West St. *Cars* —5G **9**
West St. *Croy* —6F **11**
West St. *Sutt* —7C **8**
West St. La. *Cars* —6G **9**
W. View Av. *Whyt* —5J **23**
W. View Rd. *Warl* —6A **24**
West Way. *Cars* —4E **14**
West Way. *Croy* —4D **12**
West Way. *W Wick* —1J **13**
W. Way Gdns. *Croy* —4C **12**
Westwell M. *SW16* —1B **4**
Westwell Rd. *SW16* —1B **4**
Westwell Rd. App. *SW16* —1B **4**
Westwood Av. *SE19* —3G **5**
Westwood Rd. *Coul* —5A **22**
Wettern Clo. *S Croy* —4H **17**
Weybourne Pl. *S Croy* —4G **17**
Weybridge Rd. *T Hth* —6D **4**
Weymouth Ct. *Sutt* —2B **14**
Wharfedale Gdns. *T Hth* —6C **4**

Wharncliffe Gdns. SE25 —4H 5
Wharncliffe Rd. SE25 —4H 5
Whateley Rd. SE20 —2C 6
Whatley Av. SW20 —4A 2
Wheathill Rd. SE20 —4A 6
Wheat Knoll. Kenl —3F 23
Wheatstone Clo. Mitc —3F 3
Whelan Way. Wall —5A 10
Whimbrel Clo. S Croy —5G 17
Whitby Gdns. Sutt —4E 8
Whitby Rd. Sutt —4E 8
White Bri. Av. Mitc —5E 2
Whitecroft Clo. Beck —6J 7
Whitecroft Way. Beck —7H 7
Whitefield Av. Purl —3D 22
Whitegates. Whyt —6K 23
Whitehall Pl. Wall —6J 9
Whitehall Rd. T Hth —7D 4
White Hill. S Croy —4G 17
Whitehorn Gdns. Croy —4A 12
Whitehorse La. SE25 —6G 5
Whitehorse Rd. Croy & T Hth —2F 11
Whiteknights. Cars —5E 14
Whiteley Rd. SE19 —1G 5
White Lodge. SE19 —2E 4
White Lodge Clo. Sutt —2D 14
White Oak Dri. Beck —4H 7
Whiteoaks. Bans —7C 14
Whitethorn Av. Coul —2H 21
Whitethorn Gdns. Croy —4A 12
Whitford Gdns. Mitc —5G 3
Whitgift Av. S Croy —7F 11
Whitgift Cen. Croy —4F 11
Whitgift Sq. Croy —4F 11
Whitgift St. Croy —5F 11
Whitland Rd. Cars —3E 8
Whitmead Clo. S Croy —1H 17
Whitmore Rd. Beck —5E 6
Whitstable Clo. Beck —3E 6
Whittaker Rd. Sutt —5A 8
Whittlebury Clo. Cars —2G 15
Whitworth Rd. SE25 —5H 5
Whyteacre. Whyt —7A 24
Whytebeam View. Whyt —5J 23
Whytecliffe Rd. N. Purl —5E 16
Whytecliffe Rd. S. Purl —5D 16
Whyteleafe Bus. Village. Whyt —4J 23
Whyteleafe Hill. Whyt —7H 23 (in two parts)
Whyteleafe Rd. Cat —7H 23
Wicket, The. Croy —7F 13
Wickham Av. Croy —4D 12
Wickham Chase. W Wick —3J 13
Wickham Ct. Rd. W Wick —4H 13
Wickham Cres. W Wick —4H 13
Wickham Rd. Beck —4G 7
Wickham Rd. Croy —4C 12
Wickham Way. Beck —6H 7
Wide Way. Mitc —5A 4
Wigmore Rd. Cars —4E 8
Wigmore Wlk. Cars —4E 8
Wilbury Av. Sutt —4A 14
Wilcox Rd. Sutt —6C 8
Wildwood Ct. Kenl —2G 23
Wilfred Owen Clo. SW19 —1D 2
Wilhelmina Av. Coul —6K 21
Wilkins Clo. Mitc —3F 3
Wilks Gdns. Croy —3D 12
Willett Pl. T Hth —7D 4
Willett Rd. T Hth —7D 4
William Booth Rd. SE20 —3K 5
William Rd. SW19 —2A 2
William Rd. Sutt —7D 8
Williams La. Mord —7D 2
Williams Ter. Croy —1D 16
William St. Cars —5F 9
Willis Av. Sutt —1F 15
Willis Ct. T Hth —1D 10
Willis Rd. Croy —2F 11
Will Miles Ct. SW19 —2D 2
Willmore End. SW19 —3C 2
Willoughby Av. Croy —6C 10
Willowbank. Coul —1B 22
Willow Bus. Cen., The. Mitc —1G 9
Willow Ho. Brom —4K 7
Willow La. Mitc —7G 3
Willow Mt. Croy —5H 11
Willow Rd. Wall —2J 15
Willows Av. Mord —7C 2
Willows, The. Beck —3F 7
Willowtree Way. T Hth —3D 4
Willow View. SW19 —3E 2
Willow Wlk. Sutt —5A 8
Willow Wood Cres. SE25 —1H 11
Wilmar Gdns. W Wick —3G 13
Wilmington Ct. SW16 —2B 4
Wilmot Cotts. Bans —2C 20
Wilmot Rd. Cars —7G 9
Wilmot Rd. Purl —6D 16
Wilmot Way. Bans —1B 20
Wilson Av. Mitc —2F 3
Wilson Clo. S Croy —7G 11
Wilton Cres. SW19 —2A 2
Wilton Gro. SW19 —2A 2
Wilton Rd. SW19 —2F 3
Wiltshire Rd. T Hth —5D 4
Wimbledon Bri. SW19 —1A 2
Wimbledon Hill Rd. SW19 —1A 2
Wimborne Way. Beck —5C 6
Wimshurst Clo. Croy —3B 10
Winchcombe Rd. Cars —2E 8
Winchelsey Rise. S Croy —1J 17
Winchester Clo. Brom —5K 7
Winchester Pk. Brom —5K 7
Winchester Rd. Brom —5K 7
Winchet Wlk. Croy —1B 12
Windall Clo. SE19 —3K 5
Windborough Rd. Cars —2H 15
Windermere Av. SW19 —5C 2
Windermere Ct. Kenl —2E 22
Windermere Rd. SW16 —3K 3
Windermere Rd. Coul —2B 22
Windermere Rd. Croy —3J 11
Windermere Rd. W Wick —4K 13
Windham Av. New Ad —4J 19
Windings, The. S Croy —5J 17
Windmill Gro. Croy —1F 11
Windmill Rd. Croy —2F 11
Windmill Rd. Mitc —7K 3
Windsor Av. SW19 —3D 2
Windsor Av. Sutt —5A 8
Windsor Ct. Whyt —5J 23
Windsor Gdns. Croy —5B 10
Windsor Rd. T Hth —4E 4
Windycroft Clo. Purl —7A 16
Wingate Cres. Croy —1B 10
Wings Clo. Sutt —6B 8
Winifred Rd. SW19 —3B 2
Winifred Rd. Coul —3H 21
Winkworth Pl. Bans —1A 20
Winkworth Rd. Bans —1A 20
Winterbourne Rd. T Hth —6D 4
Winterton Ct. SE20 —4K 5
Winton Way. SW16 —1D 4
Wisbeach Rd. Croy —7G 5
Wisborough Rd. S Croy —3J 17
Witham Rd. SE20 —5B 6
Witherby Clo. Croy —6H 11
Witherby Clo. S Croy —7H 11
Witley Cres. New Ad —1H 19
Wiverton Rd. SE26 —1B 6
Woburn Av. Purl —5D 16
Woburn Clo. SW19 —1D 2
Woburn Rd. Cars —3F 9
Woburn Rd. Croy —3F 11
Woldingham Rd. Wold —7A 24
Wolseley Rd. Mitc —2H 9
Wolsey Cres. Mord —2A 8
Wolsey Cres. New Ad —3H 19
Wontford Rd. Purl —2D 22
Woodbastwick Rd. SE26 —1C 6
Woodbine Gro. SE20 —2A 6
Woodbourne Gdns. Wall —2J 15
Woodbury Clo. Croy —4J 11
Woodbury Dri. Sutt —4D 14
Woodbury St. SW17 —1F 3
Woodcote Av. T Hth —6E 4
Woodcote Av. Wall —3J 15
Woodcote Ct. Sutt —1B 14
Woodcote Dri. Purl —4A 16
Woodcote Grn. Wall —3K 15
Woodcote Gro. Cars —6J 15
Woodcote Gro. Rd. Coul —2A 22
Woodcote La. Purl —5A 16
Woodcote M. Wall —1J 15
Woodcote Pk. Av. Purl —6K 15
Woodcote Rd. Wall & Purl —1J 15
Woodcote Valley Rd. Purl —7A 16
Wood Crest. Sutt —2D 14 (off Christchurch Pk.)
Woodcrest Rd. Purl —7B 16
Woodcroft Rd. T Hth —7E 4
Woodend. SE19 —1F 5
Woodend. Sutt —4D 8
Woodend, The. Wall —3J 15
Wooderson Clo. SE25 —6H 5
Woodfield Av. Cars —1H 15
Woodfield Clo. SE19 —2F 5
Woodfield Clo. Coul —6K 21
Woodfield Hill. Coul —6J 21
Woodfields, The. S Croy —5J 17
Woodgate Dri. SW16 —2A 4
Woodgavil. Bans —3A 20
Woodhatch Spinney. Coul —3B 22
Woodhyrst Gdns. Kenl —2E 22
Woodland Clo. SE19 —1H 5
Woodland Gdns. S Croy —5B 18
Woodland Hill. SE19 —1H 5
Woodland Rd. SE19 —1H 5
Woodland Rd. T Hth —6D 4
Woodlands. Short —6K 7
Woodlands Ct. Brom —3K 7
Woodlands Gro. Coul —4J 21
Woodlands, The. SE19 —2F 5
Woodlands, The. Wall —3J 15
Woodland Way. Croy —3D 12
Woodland Way. Mitc —2H 3
Woodland Way. Mord —6A 2
Woodland Way. Purl —7D 16
Woodland Way. W Wick —6G 13
Wood La. Tad —4A 20
Woodlea Dri. Brom —7K 7
Woodley Clo. SW17 —2G 3
Woodley La. Cars —5F 9
Wood Lodge La. W Wick —5H 13
Woodman Rd. Coul —2K 21
Woodmansterne La. Bans —2C 20
Woodmansterne La. Cars & Wall —6G 15
Woodmansterne Rd. SW16 —2K 3
Woodmansterne Rd. Cars —6G 15
Woodmansterne Rd. Coul —2K 21
Woodmansterne St. Bans —2F 21
Woodmere Av. Croy —2B 12
Woodmere Clo. Croy —2C 12
Woodmere Gdns. Croy —2C 12
Woodmere Way. Beck —7J 7
Woodpecker Mt. Croy —3D 18
Woodplace Clo. Coul —6K 21
Woodplace La. Coul —5K 21
Woodside. SW19 —1A 2
Woodside Av. SE25 —1A 12
Woodside Ct. Rd. Croy —2K 11
Woodside Grn. SE25 —1K 11 (in two parts)
Woodside Pk. SE25 —1A 12
Woodside Rd. SE25 —1A 12
Woodside Rd. Purl —7A 16
Woodside Rd. Sutt —5D 8
Woodside Way. Croy —1B 12
Woodside Way. Mitc —3J 3
Woodstock Av. Sutt —2A 8
Woodstock Gdns. Beck —3G 7
Woodstock Rise. Sutt —2A 8
Woodstock Rd. Cars —7H 9
Woodstock Rd. Coul —3J 21
Woodstock Rd. Croy —5G 11
Woodstock, The. (Junct.) —2A 8
Woodstock Way. Mitc —3J 3
Wood St. Mitc —2H 9
Woodvale Av. SE25 —5J 5
Woodview Clo. S Croy —1A 24
Woodville Ct. SE19 —3J 5
Woodville Rd. Mord —6B 2
Woodville Rd. T Hth —6F 5
Worbeck Rd. SE20 —4A 6
Worcester Clo. Croy —4F 13
Worcester Clo. Mitc —5J 3
Worcester Rd. SW19 —1A 2
Worcester Rd. Sutt —2B 14
Wordsworth Av. Kenl —2G 23
Wordsworth Rd. SE20 —2C 6
Wordsworth Rd. Wall —1K 15
Worple Rd. M. SW19 —1A 2
Worsley Bri. Rd. SE26 & Beck —1F 7
Worthington Clo. Mitc —5J 3
Wortley Rd. Croy —2D 10
Wrangthorn Wlk. Croy —6D 10
Wray Rd. Sutt —3A 14
Wren Clo. S Croy —3C 18
Wrights Rd. SE25 —5H 5
Wrights Row. Wall —6J 9
Wrotham Ho. Beck —2E 6 (off Sellindge Clo.)
Wrythe Grn. Cars —5G 9
Wrythe Grn. Rd. Cars —5G 9
Wrythe La. Cars —3D 8
Wyche Gro. S Croy —2F 17
Wychwood Av. T Hth —5F 5
Wychwood Way. SE19 —1G 5
Wycliffe Rd. SW19 —1C 2
Wydehurst Rd. Croy —2K 11
Wydenhurst Rd. Croy —2K 11
Wynash Gdns. Cars —7F 9
Wyncote Way. S Croy —3C 18
Wyndham Clo. Sutt —2B 14
Wynton Gdns. SE25 —7J 5
Wyvern Rd. Purl —4E 16

Yarborough Rd. SW19 —3E 2
Yarbridge Clo. Sutt —4C 14
Yateley Ct. S Croy —1F 23
Yenston Clo. Mord —1B 8
Yewbank Clo. Kenl —2G 23
Yewdale Clo. Brom —1K 7
Yewlands Clo. Bans —2D 20
Yew Tree Clo. Coul —6G 21
Yew Tree Ct. Sutt —2D 14 (off Walnut M.)
Yewtree Rd. Beck —5E 6
Yew Tree Wlk. Purl —4F 17
Yew Tree Way. Croy —4D 18
York Clo. Mord —6C 2
York Rd. SW19 —1D 2
York Rd. Croy —2D 10
York Rd. S Croy —4C 18
York Rd. Sutt —1B 14
Yorkshire Rd. Mitc —7B 4
York St. Mitc —2H 9

Zermatt Rd. T Hth —6F 5
Zig Zag Rd. Kenl —3F 23
Zion Pl. T Hth —6G 5
Zion Rd. T Hth —6G 5